조
정
훈
의 　 질
문
들

맥락

조정훈의 질문들

'무엇'에서 '왜'를 넘어 '어떻게'로 향하는 한국

한국과 정치에 질문하고 답한다

고요아침

머리말

정치인들이 자주 하는 말이 있습니다.

"국민의 눈높이에 맞추겠습니다."

(정치인보다) 국민의 눈높이가 낮으니, 그 수준으로 내려가서 맞추겠다는 뜻입니다. 그러나 최근, 국민은 이런 말에 전혀 공감하지 않습니다. 국민의 눈높이가 정치인보다 훨씬 더 높기 때문입니다. 도대체 정치인들은 국민을 어떻게 보고 하는 말인지 모르겠습니다. 아직도 정치인들은 국민을 다스리거나 국민 위에서 군림하는 지도자 역할을 해야 한다고 믿고 있습니다.

이제 정치인들은 이렇게 말해야 합니다.

"국민의 눈높이로 높이겠습니다."

국민을 깔보지 말고, 국민의 눈높이로 올라가서 사회 각 현안과 해결 방안을 함께 논의하기 위해 설명하고 설득하는 사람이 바로 정치인입니다. 정치인은 한 사회의 모든 문제를 해결해주는 만능 해결사가 아닙니다. 정치인은 그저 국민의 대리인입니다. 국민이 각자 생활에 전념

할 수 있도록, 사회 시스템이 정상작동되도록 입법노동을 대신 해주는 사람이 바로 정치인입니다. 정치인은 사회 문제가 생겼을 때 국민에게 먼저 문제를 해결하자고 제안할 수 있는 사람이지, 국민은 아무것도 잘 모르니, 우리가 알아서 해결하겠다고 나서는 사람이 아닙니다.

저는 후진국에서 태어나 중진국에서 자랐고, 이제 선진국 대한민국에서 살고 있습니다. 세계 모두가 인정하는 나라, 세계인이 오고 싶어 하는 나라가 바로 대한민국입니다. 그러나 아직도 부족한 점이 많습니다. 사회 곳곳에 문제점이 산적해 있습니다. 어쩌다 보니, 대한민국은 선진국이 되었습니다.

저는 대한민국이 더 발전할 수 있도록, 그 누가 와도 살기 좋은 나라를 만들기 위해 대한민국 '국적'을 우선으로 하는 정치인이 되고자 합니다. 대한민국을 모자이크 코리아, 프리미엄 코리아로 만들고자 합니다. 물론, 저 혼자 할 수 없습니다. 국민과 함께해야 할 일입니다.

따라서 저는 대한민국과 한국 정치에 질문하는 사람이 될 것입니다. 획일화된 답변만이 요구되는 '무엇'이라는 물음을 넘어서 '왜' 이런 문제가 해결되지 않았는지, 그래서 이 문제를 '어떻게' 해결해야 할지 국민과 함께 고민하고 논의하겠습니다. 저 자신의 눈높이를 끊임없이 올려서 국민의 눈높이를 부지런히 따라가겠습니다. 언제나 대한민국과 한국 정치를 공부하는 사람이 되겠습니다.

좋은 질문은 좋은 대답을 낳는다고 했습니다. 부족하나마 제가 조금 먼저 대한민국과 한국 정치에 질문해보겠습니다. 그 정답은 국민이 알고 있고 또한 국민이 찾아낼 것입니다. 당연히 저도 국민과 함께 찾겠습니다.

'질문할 수 있는 용기'가 앞으로 더 많이 필요할 듯합니다. 그때마다 국민께서 제게 용기를 불어넣어 주시리라 믿습니다.

2023년 12월

조정훈

목차

제1부 조정훈에게 질문하다

나는 왜 한국인으로 태어났을까 · 14

나는 왜 반말하지 않는가 · 18

내 아내는 왜 스펀지 같은가 · 21

나는 왜 공인회계사가 되려고 했는가 · 23

나는 왜 세계은행에 갔는가 · 27

나는 왜 '시대전환'을 창당했는가 · 31

나는 왜 국회의원이 되었는가 · 36

내가 평소에 제일 잘하는 일은 무엇인가 · 43

나는 어떤 남편, 어떤 아버지가 될 것인가 · 47

신앙인으로서 나는 어떤 사람인가 · 52

제2부 대한민국에게 질문하다

대한민국은 어떤 나라인가 · 58
저출생 문제는 왜 발생했는가 · 64
소득불평등은 왜 심화되고 있는가 · 71
취업난은 왜 발생하는가 · 77
갑질 문제는 왜 발생하는가 · 85
연금개혁을 왜 해야 하는가 · 91
묻지마 범죄는 왜 발생하는가 · 98
한국의 교육정책은 왜 실패하고 있는가 · 104
한국에는 왜 이렇게 자영업자가 많은가 · 110
한국에는 왜 의사가 되고 싶은 사람이 많은가 · 115

제3부 한국 정치에게 질문하다

정치란 업의 본질은 무엇인가 · 122
민주공화국이란 무엇인가 · 126
보수란 무엇인가 · 130
권위란 무엇인가 · 136
양당정치란 무엇인가 · 142
외교란 무엇인가 · 145
경제정책이란 무엇인가 · 150
선진국이란 무엇인가 · 154
한국의 문화란 무엇인가 · 159
한국 사람의 조건은 무엇인가 · 164

제4부 한국의 미래에 대해 질문하다

대통령은 어떤 사람이어야 하는가 · 172
어떤 정당이 좋은 정당인가 · 176
청년 정책은 어떻게 시작해야 하는가 · 182
중산층을 위한 복지정책이 필요하지 않은가 · 185
낭만적 남북관계론의 대안은 무엇인가 · 191
한일관계의 방점은 과거인가 미래인가 · 197
국익 중심 외국인 정책은 무엇인가 · 202
기본소득은 정말 필요한 것인가 · 209
국토 발전은 어떻게 해야 하는 것인가 · 214
한국은 어떤 나라가 될 것인가 · 219

제1부 조정훈에게 질문하다

나는 왜 한국인으로 태어났을까

태어날 때 부모를 선택할 권리가 자식에게 없듯이, 나라도 마찬가지일 것입니다. 물론 타국으로 이민 가거나 국적을 바꿀 수도 있습니다만, 적어도 대한민국에 태어난 저는 국적을 바꾸거나 이민 갈 생각은 없습니다. 17여 년 동안 외국에 나가 있었지만 한 번도 국적을 바꿀 생각은 하지 않았습니다. 그러나 세계 시민(global citizen)으로 살면서 한국은 여러모로 쉽게 이해되지 않는 나라였습니다. 처음 미국에 갔을 때 '한국인'으로서 감당해야 하는 차별과 불합리가 정말 못마땅했지만, 지금 생각해보면 차별과 불합리는 그들이나 저나 한국에 대한 이해가 부족해서 생긴 일이 아닐까 합니다. 국적을 떠나 우리는 같은 인간이니까요.

최근에는 소위 K-Culture 열풍으로 전 세계인이 한국이 어떤 나라인지, 어떤 문화를 가졌는지 궁금해하고 또 많이 알고 있습니다. 소프트 파워의 힘이죠. 오랜 시간 대부분 영역에서 주도권을 쥐고 있었던 미국과 유럽이 이제, 한국을 비롯한 동양에 주도권과 영향력을 내어주고 있습니다. 역사는 늘 멈추지 않고 흐르니까요.

그렇게 보면, 저 조정훈은 참 묘한 시기에 태어난 것 같습니다. 제 부모님 세대는 일제 치하와 한국 전쟁을 겪으면서 먹고 사는 일에 목숨을 걸어야 했던, 말 그대로 생존이 전부였던 세대였습니다. 최근에는 이런 단어를 쓰지 않지만 이른바 '후진국'에서 태어난 사람들이 바로 제 부모님 세대입니다. 그러나 저는 '후진국'에서 조금은 벗어난 '중진국' 또는 '개발도상국'의 위상을 갖춘 한국에서 태어났습니다. 제가 태어난 1970년대에는 '한강의 기적'이 막바지를 향해 가는 초고성장 시대였습니다. 물론 군부 독재가 무척이나 심했던 정치적으로 매우 암울했던 시대였지만, 경제성장은 가히 눈부셨습니다. 이윽고 1988년 서울 올림픽을 개최했고 1994년 GDP(국내총생산)가 1만 불을 돌파했습니다. 1997년 IMF 경제 위기를 겪기도 했지만, 지금 한국은 명실상부한 선진국의 반열에 올라와 있습니다.

따라서 저는 제 삶을 이렇게 정의할 수 있겠습니다. '후진국 한국'에서 태어나 '중진국 한국'에서 자랐으며, 지금은 '선진국 한국'에서 살고 있다고 말입니다. 더욱이 저는 20대 이후 세계은행에 근무하면서 후진국에서 중진국, 그리고 선진국까지 폭넓게 다양한 나라를 경험하였습니다.

사정이 이러하니, 하고많은 나라 중에 왜 한국에서 조정훈이 태어났는지 나름의 명쾌한 답변을 내릴 수 있을 듯합니다. 그것은 바로 선진국 한국에서, 선진국을 향해 가는 한국을 위해서, 제게 주어진 일(talent)이 있기 때문입니다.

저는 세계은행에서 근무하며 세계 여러 나라의 문제점을 진단하고, 이 문제를 해결하고 협상하는 일을 오래 한 덕분에 한국의 문제점이 '아주 잘' 보입니다. 한국인이 아닌 세계은행 경제·행정·정책 자문위원으로서 한국을 볼 수 있으니까요. 2016년 한국으로 귀국한 이후 지금도 이 관점은 유효합니다. 보다 객관적으로, 보다 멀리서 한국을 볼 수 있습니다. 마치 새가 높은 하늘에서 지상을 내려다보는 것(鳥望, Bird eye view)처럼 말이죠.

'세계화 1세대'로서 저에게 한국은 후진국이었고 중진

국이었으며 이제 선진국이 되었습니다. 이 모든 것을 누리기만 해도 되겠지만, '빚진 마음'이 늘 존재합니다. 왜 그럴까요. 저는 누구에게 빚졌을까요. 저 자신에게 질문해봅니다. 아마도, 제가 지나온 무수한 시간과 공간, 그리고 다양한 사람들이 아니었을까 생각합니다.

그 빚진 마음을 하나씩 갚아가기 위해, 저는 한국에서 태어났다고 믿습니다.

나는 왜 반말하지 않는가

저는 사람들과 잘 어울립니다. 태어날 때부터 그런 성격은 아니었습니다. 학창시절을 돌이켜 보면, 저는 그저 그런 학생 중 하나였습니다. 크게 튀지도 않았고 또 그렇게 주눅이 들진 않았던, 눈밖에 들지도 나지도 않았던 성격이었습니다. 대학생 때도 마찬가지였습니다. 그러나 세월이 저를 매우 다른 사람으로 바꿔놓았습니다. 요즘 유행하는 MBTI 유형으로 말하자면, 저는 ESFP(엣프피)입니다. 에너지 넘치되 친절하고 사교적이며 매사를 즐겁게 사는 그런 자유로운 영혼이죠. 아무래도 세계 여러 사람을 만나면서 성격이 완전히 바뀐 듯합니다. 세계 어디든 가야 했고, 세계 누구와도 만나야 했으니 소심하거나 사교성이 떨어지면 안 되겠죠.

이런 성격은 최근에는 여러모로 쓸모 있다는 생각을 합니다. 많은 사람을 만나야 하고, 또 끊임없이 새로운 사람을 만나야 하니, 만약 학창시절의 그런 소심한 성격의 저였다면 무척 견디기 어려웠을 겁니다. 그래서 그런지 저를 처음 만나본 사람들도 저를 좋게 봐주십니다. 감사할 따름입니다.

그러나 또 한편으로 저를 오해하는 분들도 계십니다. 나름대로 날카롭게 질문하는 제 의정활동을 지켜보셔서 그런지, 저를 '차도남' 같은 이미지로 보시는 분들이 꽤 계십니다. 까탈스럽고 곁을 잘 주지 않는 그런 스타일 말입니다. 하지만 저는 의원실 544호의 모든 식구에 잘 알려진 '허당'입니다. 제 가족들에게 늘 꾸중에 가까운 지청구를 듣습니다. 허술하기 이를 데가 없습니다. 다만, 제가 맡은 일, 제가 해야 할 일에는 미친 듯이 달려들어서 이중적인 모습을 종종 보여줍니다.

얼마 전에 고등학교 동문회에 다녀왔습니다. 아무래도 고등학교 동문회이니 서로 반말하며 편하게 지내도 될 법하겠지만, 저는 모든 동문에게 깍듯이 존댓말을 했습니다. 입에서 쉽게 반말이 떨어지지 않았습니다. 저는 정말 '찐친'에게만 살짝 말을 놓습니다. 이렇게 반말을 절대

하지 않는 제 성격을 두고, 많은 분이 차가운 인상을 받는 것 같습니다.

그러나 반말을 한다고 해서 친한 것도 아니고, 또 존댓말을 한다고 해서 거리가 먼 것도 아니라고 생각합니다. 현재 제 직업이 국회의원인지라, 반말하는 모습이 자칫 권위주의적인 '꼰대'의 모습으로 비춰질까 하는 조바심이 있는 것도 어느 정도 사실입니다. 그러나 저는 반말보다 존댓말이 훨씬 편한 사람입니다. 존댓말이 없는 영어를 비롯해 세계 여러 나라의 언어에 익숙해진 점도 있지만, 보다 근본적으로 저는 말에 힘이 있다고 생각합니다. 그래서 자칫 반말로 상대방의 존재를 무시하거나, 상대방보다 내가 우위에 있다는 뉘앙스를 보여주지 않기 위해 존댓말을 씁니다. 같은 인간인데, 누가 위에 있고 누가 아래에 있겠습니까. 그저 먼저 태어났을 뿐입니다.

반말하지 않는 이런 제 성격을 두고 까탈스럽다고 보실 수도 있겠으나, 저는 여전히 '허당끼'가 넘치는 사람입니다. 그러니 제 부족한 부분들을 제가 아닌 다른 분들이 채워주셨으면 합니다.

내 아내는 왜 스펀지 같은가

저와는 다르게 제 아내는 '허당끼'가 전혀 없습니다. 그렇다고 해서 신경질적이거나 예민하지 않습니다. 아무래도 제가 허당이니까 부부 중 한 명은 정신 바짝 차려야 하니 아내가 그런 성격을 갖게 된 것 같습니다. 그렇지만 또 한편으로 제 아내는 포용력이 좋고 인내력까지 갖췄습니다. 자기 손해를 기꺼이 감내하면서까지 말입니다. 마치 '스펀지'처럼 말입니다. 제 아내와 가깝게 지내는 사람들은 하나같이 제가 질투할 만큼 제 아내를 무척 좋아하고 따릅니다. 하지만 옆에서 지켜본 바로는, 아내 역시 가끔은 인간관계를 버거워합니다. 스트레스를 받아서 어쩔 줄 모르기도 합니다. 티를 내지 않을 뿐입니다.

제 아내를 그렇게 육류를 좋아하지 않습니다. 육류를

가급적 멀리해야 하는 체질입니다. 그러나 어떤 모임에서 고기를 먹으러 가자고 하면, 제 아내는 두말하지 않고 함께 고기를 먹습니다. 아이들과 함께할 때도 마찬가지. 그러나 아내는 본인만의 분명한 원칙이 있습니다. 아닌 것을 아니라고 말할 때, 종종 소름 돋을 만큼 무섭기도 합니다. 가끔은 날카롭게 제 의정활동을 지적할 때도 있습니다.

대학교 신입생 때 만나 4학년 2학기 때 결혼한 제 아내는 그때나 지금이나 스펀지 같지만, 때로는 날카롭습니다. 그래서 가끔은 이런 생각도 해봅니다. 제 아내가 정치인이 된다면, 분명 나를 비롯해 그 누구보다 잘할 것이라고 말입니다. 대통령도 할 수 있을 것 같습니다.

이런 아내 덕분에 저는 마음껏 입법노동자로서 일할 수 있게 되었습니다. 현재 모든 집안의 결정과 일이 모두 아내 차지지만, 저는 그런 아내의 모든 선택과 실천을 믿어 의심치 않습니다. 아내가 저를 믿어주듯이 말입니다.
저도 아내처럼 모든 사람의 마음을 빨아들이는 스펀지가 되고 싶습니다.

나는 왜 공인회계사가 되려고 했는가

저는 재수 끝에 연세대 경영학과를 가게 되었습니다. 문과인 저는 아무 과나 갈 수 있는 높은 점수를 받았습니다만, 어느 과를 가야 할지, 무엇을 하며 앞으로 먹고살지 확신이 없었습니다. 상담 끝에 담임선생님은 그런 제게 이것저것 다 할 수 있는 경영학과에 지원하는 것이 좋겠다고 제안하셨습니다. 경영학과를 졸업하면 고시 준비를 할 수도 있고, 일반 직장에 취업도 가능하다는 것이었습니다. 저 역시 제 진로에 어떤 확신도 없었기에 그렇게 결정을 유예하는 것도 나쁘지 않겠다는 생각이 들어 경영학과에 입학하게 되었습니다. 여기서 제 특유의 성격이 경영학과 결정에 한몫했는데, 그것은 바로 '촉'을 기다리는 성격입니다. 저는 '촉'이 오지 않으면 쉽게 결정하지 않습니다. '촉'이 올 때까지 인내하며 기다립니다. 그렇게 지금까지 살아오고 있습니다.

그렇다면 저는 왜 공인회계사가 되려고 했을까요. 답은 간단합니다. 아내와 결혼하기 위해서입니다.

대학교 신입생인 저는 아내를 보자마자 클리쉐지만 어쩔 수 없이 말할 수밖에 없는. 바로, "첫눈에 반했습니다." 만물이 기운생동하는 5월부터 정식 연애를 시작해서, 1년간 교환학생으로 뉴욕주립대에 다녀왔고, 2학년 때 국방참모대학에서 방위병으로 군복무를 마칠 때까지 아내는 늘 제 곁에 있었습니다. 물론, 뉴욕주립대에 교환학생을 가게 된 것도 순전히 교수님의 제안이었습니다. 저는 그때까지 무엇을 해야 할지 갈피를 잡지 못하고 방황했습니다.

워낙 오래 사귀다 보니 주변 사람들도 우리에게 다른 이성 친구를 소개해 주거나 우리가 헤어질 것이라는 상상조차 하지 않았습니다. 우리도 마찬가지였습니다. 자의 반, 타의 반으로 헤어질 수도 없고 새로운 사람을 소개받지도 못한 상황이 대학 생활 내내 이어지면서, 저는 '결혼'이라는 것을 생각하게 되었습니다. 자연스러운 순서였습니다.

그러나 저는 여전히 대학생이었고, 아내는 대학원생이었습니다. 아내와 평생 함께 살기 위해서는 '호구지책'을 마련해야 했습니다. 그동안 모든 것을 뒤로 미루던, '촉'이 올 때까지 기다려야 했던 제 삶에 큰 분기점을 맞이하게 되었습니다. 이에 저는 고심 끝에, 정치할 생각은 전혀 없으니(저는 그 당시, 정말로 제가 정치인이 될 줄은 꿈에도 생각하지 못했습니다), 회계사 시험을 통과해 공인회계사가 돼야겠다고 다짐했습니다. 일종의 '촉'이 왔나 봅니다.

국방참모대학 방위병 생활을 하면서 회계사 공부를 틈틈이 했습니다. 낮에 나라를 지켰고 밤에 불을 지폈습니다. 1월에 소집 해제되었는데, 그해 3월에 1차, 9월에 2차 시험에 합격했습니다. 그 당시 최연소 회계사라는 타이틀을 얻기도 했습니다. 아내를 쟁취하기 위한 티켓이기도 했습니다.

그렇게 저는 회계사 자격을 얻게 되었고, 훗날 이 회계사 시험을 준비하던 공부가 한국을 비롯해 세계 경제를 이해하는 큰 도움이 되었습니다.

조정훈의 질문들

―
나는 왜 세계은행에 갔는가
―

공인회계사 자격을 얻어 결혼도 하게 되었습니다. 그리고 곧, 회계법인 수습 회계사 생활을 시작했지만, 얼마 지나지 않아 회의감이 찾아왔습니다. 회계법인과 감사를 받는 기업 간의 공생 관계를 일일이 챙겨야 하는 일에 염증을 느끼게 된 것입니다. 회계법인을 그만두고, 또 얼마 지나지 않아 우연한 계기에 회계학원에서 회계학 강의를 하게 되었습니다. 용돈이라도 벌어보자는 생각으로 강의하게 되었는데, 무언가를 가르친다는 일에 강한 매력을 느끼게 되었습니다. 그래서 차라리 회계사보다는 교수가 되어야겠다는 마음을 먹게 되었고, 곧바로 유학의 길을 찾게 되었습니다.

여기저기 유학의 길을 기웃거리다가 한국고등교육재

단 해외유학생 선발시험 공지를 보게 되었습니다. 박사과정 5년 동안 장학금 3만 5,000달러에 생활비까지 지원해 주는 엄청난 조건이었습니다. 선발시험에 바로 응시했습니다. 결과는 정말 운 좋게 합격. 그해에만 유독 회계학 문제가 많이 출제되었는데, 회계 실무를 해본 저에게는 그다지 어려운 문제가 아니었습니다. 감사할 따름입니다.

하지만 고등교육재단 장학생 신분으로 지원한 모든 해외 대학으로부터 불합격 통보를 받았습니다. 창피하기도 하고 너무 화가 나기도 했지만, 교회 예배당에서 가만히 제 마음을 들여다보았습니다. 나는 무엇을 하고 살 것인가. 다른 것은 모르겠지만, 회계사는 아니었습니다.

1999년, 무작정 아내의 먼 친척이 사는 미국 타코마(Tacoma)로 도망치듯 떠났습니다. 6개월짜리 어학연수 비자와 그동안 모았던 6,000달러가 전부였습니다. 저는 꽃 배달, 청소, 마트 일, 종교음악을 전공한 아내는 피아노와 성악 레슨 아르바이트 등 저와 아내는 닥치는 대로 일하면서 후일을 도모했습니다.

그 가운데 저는 아내와 결혼하기 위해 회계사 시험을 선택했듯, 또 한 번의 중요한 선택을 하게 됩니다. 바로 경영학이 아닌 행정학으로 전공을 바꾼 일입니다. 뭐에 씌웠는지 저는, 나 하나 개인의 이익보다는 사회와 국가를 위한 이익을 도모하는 학문을 연구하고 싶었습니다. 그래서 저는 '국제 개발'이라는 생전 보지도 듣지도 못했던 분야를 선택하여 일곱 군데 대학원에 입학 원서를 보냈습니다.

결과는 모두 합격! 너무나 기뻤습니다. 저는 고심 끝에 하버드대학교 케네디 행정대학원에 갔습니다. 그러나 고등교육재단에서 전공을 바꿨다는 이유로 제게 학비를 한 푼도 지원할 수 없다는 청천벽력 같은 연락을 받았습니다. 그러나 저는 무슨 연유였는지, 두렵지 않았습니다. 바로 하버드대로 향했고, 학과장을 만나 자초지종을 설명했습니다. 학비가 없으니 한달 만이라도 수업을 듣고 싶다고 말했고, 학과장은 일단 허락했습니다. 그렇게 준비수업을 들으며 한 달의 마지막 날, 또 한 번 기적 같은 소식을 듣습니다. 학비 전액을 지원하는 케네디 대학원장 장학금을 받기로 한 남미 학생의 개인 사정으로 저를 장학금 수여자로 결정했다는 것이었습니다. 그때 아내와 함께 나눴던 감격과 기쁨은 평생 잊지 못할 것입니다.

우여곡절 끝에 꿈 같은 유학 생활을 보내면서 빈궁했어도 정말 치열하게 공부했지만, 안타깝게도 대학원 박사과정 진학에는 실패했습니다. 어려운 경제 상황에서 또 1년을 기다려 결과를 알 수 없는 박사과정 원서를 넣는 것은 현실적으로 불가능했습니다. 이에 저는 학교 취업 게시판을 수시로 확인하다가, 세계은행(World Bank)에서 거버넌스 분야의 선임 전문가를 모집한다는 공고를 보게 되었습니다. 실무 경력이 적어도 8년 이상 필요하다는 조건이 있었지만, 저는 지푸라기라도 잡는 심정으로 원서를 밀어 넣고 기도하였습니다.

또 한 번의 기적이 일어났습니다. 세계은행에서 제 이력서를 보고 인터뷰를 하자는 연락이 온 것입니다! 워싱턴으로 가는 비행기 표와 호텔비까지 제공한다는 파격적인 연락이었습니다. 분명 제 이력으로는 합격하기 어려울 텐데, 저는 일단 호소라도 해보자는 심정으로 워싱턴으로 향했습니다. 아니나 다를까, 인터뷰 담당자는 자격요건을 갖춘 지원자가 없어 일단 나를 1년 계약직으로 채용하겠다고 했습니다. 너무나 감사한 일이었습니다.

그렇게 2002년 7월 1일, 세계은행 첫 출근을 하게 되었습니다.

나는 왜 '시대전환'을 창당했는가

 2016년 여름, 저는 한국으로 돌아왔습니다. 가족을 비롯해 주변 모든 지인이 저를 만류했습니다. 오죽했으면 제 어머님께서 제 아내에게 세상 물정 모르는 남편을 좀 말려보라고 말씀까지 하셨습니다.

 그러나 저는 한국에서 제가 꼭 해야 할 일이 있을 것이라는 강한 확신이 들었습니다. 그 누구도 저를 말리지 못했습니다. 한국에 도착하자마자, 저는 아주대학교 통일연구소와 재단법인 여시재에서 소임을 감당할 수 있게 되었습니다. 감사할 따름입니다. 그리고 여러 경로를 통해 한국의 미래를 위해 고민하고 실천하는 사람들과 연이 닿았습니다. 한국의 더욱 나은 미래를 위해 치열하게 공부하고 논쟁했으며 깊이 고민하게 되었습니다. 그렇게 다들 불꽃 튀게 한국의 미래를 위해 고심하다가 기어코 사건 하나를 저지르게 됩니다. 바로 '시대전환' 창당!

지금 돌이켜보면, '시대전환'을 창당한 일은 뭐에 홀렸기 때문에 가능했던 것 같습니다. 현재의 거대 양당 체제에서 소수 정당이 들어선들, 과연 제 목소리나 낼 수 있을까 하는 의구심이 가장 먼저 들었습니다. 물론, 현실적으로 정당을 창당하는 일 자체가 쉽지 않은 일임은 그 누구나 잘 알고 있는 사실. 가진 것도 없이 그저 열정만으로 정당을 만든다는 것이 얼마나 무모한 일인지는 두말할 필요가 없었습니다.

2019년 여름부터 도저히 참을 수 없을 만큼 에너지가 모이고 쌓였습니다. 다들 비슷한 연배였습니다. 70년대생 혹은 80년대생이 대부분이었고, 다들 자기 분야에서 두각을 나타낼 정도로 어느 정도 자리를 잡은 사람들이었습니다. 제가 그 가운데서 제일 무명(無名)이었습니다. 물론 우리는 정당을 창당할 생각은 언감생심이었고, 일단 정치가 무엇인지 진지하게 고민이라도 해보자는 생각에 '수요살롱'을 열었습니다. 처음에는 우리끼리 정치 관련한 세미나를 듣고 토론하는 소소한 모임이었지만, 회차가 지나가면서 점점 사람들이 모이기 시작했습니다. 특히 김종인 위원장님이 오셔서 제3지대의 정당이 필요하다는 말씀을 해주셨을 때, 우리는 작정했습니다. 아예 이참에 제대로 사고 쳐 보자는 생각으로, 되든 안 되든 창당 해보자고 말입니다.

당연히 정당을 만들어 본 사람도, 정당 활동을 해본 사람도 없었고, 지역 출마자도 없었습니다. 어떻게 정당을 만드는 건지 여기저기 물어가며 조금씩 구색을 갖추기 시작했습니다. '시대전환'이라는 당명도 급하게 회의하다가 가명으로 정해진 명칭이지만, 바꿀 시간도 없었습니다. 우리는 3월 중앙선거관리위원회 정당 등록 마감까지 미친 듯이 달렸습니다. 중앙당을 비롯해 5개 이상의 시·도당을 만들어야 했고, 시·도당의 법정당원 수도 갖춰야 했습니다. 말 그대로 번갯불에 콩 볶아 먹듯이 뛰어다녔습니다. 우리는 입당원서를 한 장이라도 더 받기 위해 고군분투했습니다.

마침내, 돈도 없고 사람도 없었지만, 정치판을 바꾸자는 생각만으로 2020년 2월 23일 중앙당 창당대회를 열고 3월 6일 중앙선거관리위원회에 정당 등록을 '무사히' 마칠 수 있었습니다.

저를 비롯해 우리는 이런 다짐을 했습니다. 우리가 던진 문제, 우리가 한번 풀어보자. 문제를 내고 문제를 푸는 실용 정당 그리고 3040이 주축이 되는 플랫폼 정당을 기치로 내세우게 된 것입니다. 시대를 전환하는 정당, 더 정확히 말하면 전환되고 있는 시대에 걸맞은 정당을 이끌어 보자는 생각이었습니다. 비록 거대 양당 체제 안에서 시대전환은 이제 겨우 스타트업을 시작한 벤처기업에 불과했지만, 우리는 '벤처(venture)'라는 단어의 뜻처럼 어떤 위험과 고통이든 무릅쓰고 모험하기로 했습니다.

우리가 생각하는 한국을 우리가 직접 만들어 보자는 그 마음, 그 초심(初心)은 여전히 제 가슴에 깊이 남아 있습니다.

나는 왜 국회의원이 되었는가

'시대전환'을 동지들과 함께 만들면서 제가 정치인으로 출마하리라곤 꿈에도 생각지 못했습니다. 그저 세상을 바꾸는 일에 조금이라도 내가 기여할 수 있었으면, 그렇게 세상을 바꾸는 사람이 지금보다 더 많아졌으면 좋겠다는 마음으로 시작했습니다. 당시에 저는 시대전환 공동대표를 맡고 있었습니다. 그리고 총선 시즌이 다가왔습니다. 그저 시대를 바꿔볼 생각으로 정당을 만들었는데, 지역구 의원이 출마하지 않으면 정당이 소멸한다는 선관위의 말에 우리는 너무 당황했습니다. 전혀 생각지 못했으니까요.

시대전환을 발기한 사람들, 함께 시대전환을 이루고 있는 사람들에게 일일이 물어보았습니다. 출마가 가능하냐고 말이죠. 그러나 시대전환은 처음부터 실용 정치 플랫폼을 표방했기 때문에, 모두 각자의 생계를 책임지며 살아가는 '생활인'이었습니다. 즉, 소위 정치판에서 말하는 '선수'가 없었던 것입니다. 선수를 어떻게든 차출하고, 또 현실정치 내에 존속하지 않는다면, 어렵게 만든 정당은 곧 사라질 위기에 처합니다. 모두 난감했습니다. 만약 우리가 현실정치에서 목소리를 낼 자격도 되지 않는다면, 과연 우리 시대전환이 계속 유지될 수 있을까 하며 의문을 제기할 수밖에 없었습니다.

때마침, 민주당은 준연동형 비례대표제를 도입한 미래통합당(현 국민의 힘)에 반발해 어떻게든 최대한의 의석수를 확보하기 위해 위성정당이 필요했고, 우리에게도 제안이 왔습니다. 우리는 치열하고 뜨겁게 논쟁했습니다. 민주당의 위성정당으로 들어갈 것이냐, 아니면 독자적으로 선거를 준비하느냐의 문제. 진퇴양난에 빠졌습니다. 우리는 치열한 논의 끝에 일단 현실정치에 단 1명의 정치인이라도 있어야 시대전환 역시 존재 가능하다는 결론에 이르렀습니다.

이와 관련하여 혹자는 민주당이 시대전환을 키워줬는데 민주당을 기어코 배신했다는 말을 하기도 하지만, 정확히 말하자면, 민주당이 국회 입성을 위해 은혜를 베풀어 준 것이 아니라, 서로 각자의 이익을 위한 윈-윈(win-win)전략이었다고 생각합니다. 더불어민주당의 위성정당이었던 더불어시민당에는 시대전환과 같은 소수정당이 명분으로 존재해야 했고, 우리는 국회 입성을 해야 하는 목적이 있었습니다.

물론, 저를 비롯해 시대전환의 대부분 사람은 민주당에 좀 더 호감을 느끼고 있다는 점은 부인할 수 없는 사실입니다. 그러나 우리는 작은 발걸음을 하나씩 떼면서 민주당이 우리가 알고 있는 민주당이 아니라는 사실을 차츰 깨닫게 되었습니다. 변한 것은 저와 시대전환이 아니라 민주당이었습니다. 이미 기득권이 되어버린 민주당은 고여 있는 웅덩이, 흐르지 못해 오염되고 있는 작은 웅덩이에 불과했습니다.

저는 시대전환을 탈당하고 더불어시민당 비례 6번으로 제21대 국회의원에 당선되었지만, 곧바로 탈당하여 다시 시대전환으로 돌아갔습니다. 뼈 아픈 우리의 한계였지만, 그것이 또 우리의 현실이었고, 또 그것이 우리의 최선이었습니다.

그렇게 저는 시대전환과 함께 '입법노동자'로 하루하루를 바쁘게 살게 되었습니다. 얼떨결에 국회의원이 된 거죠. 처음에는 전혀 실감 나지 않았습니다. 딱히 새로워진 것도 없었습니다. 다만 출근할 사무실이 생겼고 함께 일할 동지들이 많아졌다는 것뿐입니다.

그러던 임기 초입 주말 어느 날, 저는 딸아이와 자가용으로 외출 중에 제 차 앞에서 마을버스가 엄청난 매연을 뿜고 가는 것을 보았습니다. 제 딸은 그 현장을 동영상으로 촬영했고, 저는 빠르게 차를 몰아 마을버스를 따라잡았고, 버스 기사님에게 말씀드렸습니다. 버스 매연이 너무 심하니, 조치를 좀 취해야 하지 않겠느냐고 말이죠. 버스 기사님은 매우 퉁명스럽게 '네가 뭔데'라는 식으로 대답했습니다. 저는 나지막이 말씀드렸습니다. "시대전환 국회의원 조정훈입니다." 기사님은 급하게 태도를 바꿔 바로 조치하겠다고 하셨습니다. 또 한 번은 동작구 남성시장을 거닐다가, 땅바닥에 민망한 '찌라시(광고지)'가 무차별적으로 흩뿌려져 있는 것을 발견했습니다. 아이들 보기 민망한 그런 광고지 말입니다. 바로 구청에 전화했습니다. 아이들 보기에 너무 적나라한 광고지가 많으니 대책 좀 세워달라고 말이죠. 그러나 여러 차례 전화를 걸었지만, 담당자와 통화할 수 없었습니다. 제가 누구인지 밝

히지 않고, '일반 시민'으로 요청했으니까요. 안 되겠다 싶어 국회의원 조정훈인데 구청장과 통화하고 싶다고 민원실에 전화 걸었습니다. 바로 구청장과 연락이 되었고, 곧이어 단속이 시작되었다는 소식을 들었습니다.

그렇습니다. 얼떨결에 시대의 급물살에 휩쓸려 국회의원이 되었지만, 국회의원 한 명의 목소리가 어떤 파급효과를 가졌는지 그제야 깨닫게 되었습니다. 소위 말하는 '선한 영향력'까지 언급할 필요도 없습니다. 현실 곳곳의 문제점을 일반 시민의 목소리로 지적하면 쉽게 문제가 해결되지 않지만, 국회의원의 목소리로 지적하면 사건이 해결되고 실천이 일어납니다. 현실의 문제점을 직접 고칠 수 있는 '큰 목소리'를 가진 것이 바로 국회의원입니다. 물론 이때의 목소리는, 제 개인의 목소리가 아니라, 국민의 목소리를 대변하는 목소리여야 합니다. 이제 제가 해야 할 일이 보다 명확해졌습니다.

저는 한국 사회의 여러 문제를 찾고 그것이 문제임을 말하는 사람이어야 합니다. 물론, 제가 그 문제들을 직접 풀 수 있으면 좋겠지만, 저 혼자서 풀 수 있는 문제는 그리 많지 않습니다. 행정부, 입법부, 사법부, 그리고 국민과 함께 풀어야 할 문제가 대부분입니다. 이때 해외에서 17년간 세계 시민으로 살았던 경험이 큰 도움이 됩니다.

냉정하게 외국인의 시선으로, 외국에서 살던 사람의 시선으로 한국을 보면, 한국의 문제가 적나라하게 더 잘 보이니까요.

그렇게 보면, 세계 각지를 떠돌아야 했던 제 경험은 이렇게 국회의원이 되기 위한 일종의 수련 과정이 아니었나 생각합니다. 기막힌 필연이 아닐 수 없습니다.

내가 평소에 제일 잘하는 일은 무엇인가

가만히 생각해 보았습니다. 내가 제일 잘하는 일이 뭐지? 아내에게 물었습니다. 몇 초도 안 돼서 바로 대답해 줍니다. 바로, '사고 치기'. 무슨 사고를 치느냐고 다시 물었습니다. 아내는 빠르게 대답합니다. 하나만 잘하고 나머지는 엉망진창으로 사고 친다고 말입니다. 저는 아니라고 대답합니다. 나는 다 열심히 하고, 다 잘하는데 라고 말이죠. 아내는 고개를 절레절레 흔들기만 합니다. 생각해 보니, 아내 말이 맞는 것 같기도 합니다. 제 손에 닿기만 하면 뭐든지 떨어지고 부서지며 망가지니까요. 가끔 운동하면 어디든 다치고 돌아옵니다. 아내 말을 잘 들어야 자다가도 떡이 떨어진다는 말을 다시 한 번 새깁니다.

좀 더 생각해 보았습니다. 나는 평소에 무엇을 제일

잘하지? 생각나는 게 하나 있습니다. 바로 '줌인-줌아웃(zoom in-zoom out)'이 가능한 시선입니다. 저는 시간 날 때마다 길을 걸으려고 합니다. 운전은 여전히 미숙해서 운전할 때는 운전에 집중하느라 아무것도 보지 못하지만, 걸을 때는 세상 모든 만물을 관찰하려 합니다. 지나가는 사람들의 표정, 옷차림, 걸음걸이, 가로수, 차량의 흐름, 빌딩의 간판들, 하늘의 구름 등 계절마다 바뀌는 만물을 유심히 살피는 것을 참 좋아합니다. 그러면서 동시에 오늘 할 일, 최근의 고민, 앞으로 해결해야 할 문제 등을 고민합니다. 마치 프로파일링하는 것처럼 머릿속 칠판에 지도를 그리고 관계도를 그려 넣습니다. 특정 상황을 예측하고 그에 따른 결과를 예상합니다. 가까운 것은 가깝게, 먼 것은 멀게 보는 능력, 그것이 제가 가장 잘하는 일이 아닐까 합니다.

예전에 어떤 목사님으로부터 이런 질문을 받았습니다. 목사님과 같은 종교인은 다른 직업에 비해 얼마나 공감 능력이 뛰어날까요 하는 질문이었습니다. 저는 당연히 일반적인 직업을 가진 사람들보다 목사님이 월등히 뛰어난 공감 능력을 갖추고 있어야 한다고 대답했습니다. 사람들의 내밀한 상처, 영혼의 문제를 어루만져야 하니까요. 그러나 그 목사님의 답변은 제 생각과 전혀 달랐습니다. 목사님과 같은 종교인은 적당한 공감 능력을 갖추고 있어야 한다고 말입니다. 목사님의 말씀인즉, 신자들의 고민과 슬픔에 너무 공감하게 되면 아무것도 할 수 없다는 뜻이었습니다. 예컨대, 한 신자가 시한부의 암 판정을 받았다는 것을 들었다고 해서 그 슬픔에 너무 공감하게 되면, 목사님 또한 며칠 끙끙 앓게 되어 다른 신자를 돌볼 수 없다는 것입니다. 그 질문이 '이제야' 무슨 뜻인지 깨닫게 됩니다.

입법노동자이자 정치인인 저는 최근 무척이나 많은 사람을 만나고 있습니다. 해결해야 할 일이 산적하니까요. 일일이 악수를 청하고 명함을 주고받으며 안부를 전합니다. 함께 사진도 찍습니다. 그런 사람이 하루에도 수십 명 또는 수백 명입니다. 불가능하겠지만, 제가 만약 이 모든 사람을 일일이 기억하고 그들의 고통에 공감한다면 제가 온전히 버틸 수 있을까요? 며칠 내로 정신 이상이 올 것이며, 저 역시 아까의 그 목사님처럼 끙끙 앓을 것입니다. 그러니까 정치인도 목사님처럼 적당한 공감 능력을 갖추고 있어야 합니다. 그래야 더 많은 사람을 만나 더 많은 일을 할 수 있습니다. 저는 한 개인의 문제를 해결하는 사람이기보다는, 한 사회의 문제를 해결하는 사람이어야 합니다.

이때의 적당함은 아까 언급했던 '줌인-줌아웃(zoom in-zoom out)'의 시선입니다. 가까운 것은 가깝게, 먼 것은 멀게. 가깝거나 먼 것을 판단하는 일 자체가 정치이자 문제 해결이며 감각(sense)입니다. 지나가던 사람의 표정을 유심히 관찰하는 것도 좋지만, 길가의 보도블록이 망가진 것을 먼저 볼 줄 알아야 합니다. 한 시민의 아픔을 듣고 함께 고민하는 것도 중요하지만, 그 시민의 아픔이 어떤 사회 시스템의 문제로 발생했는지 먼저 고민해야 합니다. 물론, 시민 개개인의 사연을 충분히 경청하고 공감하는 능력 역시 중요합니다. 그러나 입법노동자로서 저는 좀 더 의연해야 하고 곧바로 냉정해져야 합니다. '줌인'했다가 '줌아웃'하는 그런 능력, 때로는 '줌아웃'했다가 '줌인'해야 할 때도 있습니다. 그것이 제가 제일 잘하는 일이 아닐까 합니다.

그러니 제가 오늘 아침 식탁에서 그릇을 놓친 일은, 굳이 집에서까지 '줌인'과 '줌아웃'의 거리 조절을 할 필요가 있을까 하는 편안함에서 나온 실수입니다. 제가 잘못한 게 아닙니다.

나는 어떤 남편, 어떤 아버지가 될 것인가

예전에 김종인 박사님과 가볍게 환담을 할 때였습니다. 갑자기 "자네 애들은 몇 살인가?"하고 질문하셨습니다. 저는 초등학생 4학년, 1학년 딸아이를 두고 있다고 대답했습니다. 그러자 김종인 위원장님께서 다음과 같이 말씀하시다 이내 삼키셨습니다. "아이고, 어떡하나. 정치하면 애가 망나니가 될 텐데…." 저는 다시 답했습니다. "아니요, 저는 그러고 싶지 않습니다." 김종인 위원장은 웃으며 다시 답하셨습니다. "누군들 그러고 싶어서 그런 줄 아나. 정치에 열정을 다하면 아이들 돌볼 시간이 없지."

저는 가족을 희생하면서까지 나라를 구해야 한다는 논리에 동의하지 않습니다. 흔히들 나라와 민족 혹은 인류를 위한 가족의 희생을 정당화하거나 어쩔 수 없는 일로 치부합니다. 가족보다 나라와 민족 혹은 인류가 더 큰 것, 더 큰 일로 보기 때문입니다.

그러나 저는 가족이 희생되면 곧 모든 사회 구성원이 무너지고 마침내 사회 역시 붕괴한다고 생각합니다. 예컨대 제가 한 사회 문제를 해결하는 엄청난 일을 해냈지만 제 아이들이 일탈을 저질러 누군가에게 해를 입혔다면, 사회 처지에서는 결국 달라진 것이 없습니다. 누군가는 문제를 해결했고, 누군가는 문제를 일으켰으니까요. 문제의 크고 작음, 경중은 차후의 과제입니다.

최근 사이코패스 범죄를 비롯한 흉악범죄가 기승을 부리고 있습니다. 이른바 '묻지마 범죄(이상동기 범죄)'가 하루가 멀다고 심심치 않게 기사로 접할 수 있을 만큼 일상이 되었습니다. 물론 모든 범죄를 하나의 원인에서 시작된 것으로 보는 것은 위험하지만, 적어도 불우한 가정환경에서 비롯된 범죄자의 문제는 분명 바로잡아야 합니다. 이를 바로잡기 위한 사회적 비용이 기하급수적으로 증가하고 있기 때문입니다. 따라서 사회 시스템 전반을 올바르게 갖추는 것도 중요하지만, 그것보다 선결될 것은 바로 가족의 안정입니다. '수신제가 치국평천하(修身濟家 治國平天下)'라는 말이 쉽게 떠오릅니다.

저는 아빠와 남편으로 해야 할 역할이 국회의원의 역할보다 훨씬 더 중요하다고 생각합니다. 제가 아무리 입법노동자로 맹활약을 펼친들, 제 가족이 무너지고 있다면 그 활약은 아무것도 아닙니다. 한국과 세계를 위한 혁혁한 공을 세우는 위인이 많다 하더라도, 그 위인의 가족이 모두 붕괴하여 사회에 해악을 끼친다면 결국 아무것도 하지 않은 것과 다름없습니다. 그러니 가족도 살리고 사회도 살려야겠죠. 이때 중요한 것은 가족이 먼저라는 점입니다. 각각의 가족이 불안정하지 않고 가족 안에서 개인들이 편안히 쉬고 또 힘을 얻는다면, 그 사회는 더욱 건강해질 것입니다. 지금 우리 사회에서 벌어지고 있는 심각한 범죄들과 여러 사회 문제들의 원인 중 하나가 바로 이러한 가족의 붕괴가 아닐까 합니다. 개인이 쉴 곳이 없고 힘을 얻을 데가 없습니다.

그래서 이런 생각도 해봅니다. 정치를 잘하려면 대다수 국민과 똑같이 결혼하고 애를 낳아 등교시키고 무척 붐비는 주말에 마트도 가며 전셋집도 계약 끝날 때마다 옮겨 다녀봐야 한다고 말입니다. 가족을 관리하면서 혹은 지키면서 살아가는 과정 자체가 정치 아닐까요. 모든 문제는 가족에서 시작하고 가족으로 끝납니다. 가족을 먼저 지켜야 후일을 도모할 수 있습니다. 가족의 희생을 전제로 한 위대한 일은 절대 위대하지 않습니다.

가끔 두 딸아이의 SNS 계정에 들어가 '좋아요'도 누르고 댓글도 달고, 퇴근길에 아내가 좋아하는 음식도 좀 사 들고 가야겠습니다. 무척이나 바쁜 남편, 아빠이지만 늘, 마음은 좋은 남편, 좋은 아빠가 되고 싶습니다.

제1부_조정훈에게 질문하다

신앙인으로서 나는 어떤 사람인가

　신앙을 갖지 않았다면, 저는 함익병 선생님 말씀처럼 돈만 신나게 벌었을 것입니다. 세계 여러 나라를 떠돌다가 결국 좋은 자리 하나 얻어 값비싼 외제차 타고 상위 1%만 누린다는 초호화 아파트에 살았을 겁니다. 신앙인으로서의 제 나름의 파란만장한 삶은 『섬나라 코리아』(2017)라는 책을 참고하시길. 기적 같은 제 삶을 구구절절 간증하고 싶은 생각은 없습니다. 다만 신앙인으로서 제 삶을 뒤돌아본다면, 여러 도전과 기회 앞에서 항상 기적적인 행운이 따랐음을 인정하고 감사드릴 뿐입니다.

　그 가운데서 2009년에 걸렸던 피부암은 내 인생을 전과 후로 나눌 결정적인 사건이었습니다. 배에 희귀한 피부암이 발생했고, 수소문 끝에 미국 해군 군의관 소속 피부암 전문의로부터 7시간의 수술을 받아 기적적으로 암세포를 걷어낼 수 있었습니다. 물론 암 환자들 사이에서 완쾌라는 말은 쓰지 않습니다. 암은 늘 재발 가능하니까요. 그래서 저는 '생존자(survivor)' 클럽의 한 일원이라고 말합니다. 아직은 살아 있어 감사할 뿐입니다.

저는 그동안 앞만 보며 경주마처럼 달렸습니다. 결혼하기 위해 시작한 공인회계사부터 시작해 한국고등교육재단 해외유학생 선발시험, 미국 타코마(Tacoma)로 무작정 떠나 하버드대학교 케네디 행정대학원에 입학해 세계은행에 입사할 때까지 저는 경주마처럼 옆과 뒤를 볼 새가 없었습니다. 대부분 사람이 오해하는 소크라테스의 말, '네 영혼의 문제를 돌보라(너 자신을 알라)'는 말은 제가 더 귀 기울여야 하는 말이었습니다. 내가 이룬(이뤘다고 생각하는) 모든 것을 잃을 지경에 이르렀을 때, 비로소 내 영혼의 문제를 보게 되었습니다. 무엇을 위해 살아왔고, 무엇을 위해 살아야 하는지 말입니다. '선데이 크리스천'으로 큰 의미 없이 교회 문턱만 들락거리던 제게, 피부암은 마치 탕자의 뒤늦은 후회와 다름없었습니다. 그러나 탕자의 뒤늦은 후회 역시 기쁘게 받아주시는 하나님 덕분에 저는 또 이렇게 '생존자'로서 살아가고 있습니다.

세계은행 위원으로 전 세계를 떠돌면서 돈과 명예 따위를 초월한 사람들을 많이 만났습니다. 성직자가 아닌 분들이 더 많았습니다. 그들은 그저 기쁘게 하루하루를 열심히 살아가고 감사할 뿐입니다. 그래서 또 생각을 이어봅니다. 성직자와 정치인이 비슷한 점이 많다고 말입니다. 첫째, 본인을 위해 살지 않고 더 높은 목적을 위해 산다. 둘째, 무척 고생스럽다. 셋째, 돈과 여자를 멀리해야 한다. 넷째, 공인으로서 살아야 한다 등등.

지금도 늘 묵상기도로 하루를 시작합니다. 너무 바쁠 땐 기도 같은 혼잣말, 혼잣말 같은 기도를 중얼거리기도 합니다. 아침 묵상기도를 빠뜨리거나 기도 없이 하루를 보내면 왠지 불안합니다. 일종의 루틴인 셈입니다.

저는 2016년부터 지금까지 카카오톡 프로필명을 단 한 번도 바꾸지 않았습니다. 그 문구는 바로 '빚진 마음으로'. 절체절명의 위기에서 하나님께서 '늘' 구원해 주셨기 때문이기도 하지만, 더 솔직하게 말하자면, 다른 사람보다 더 좋은 기회를 갖게 된 것이 '늘' 미안했기 때문입니다. 남들이 부러워하며 하고 싶은 것을 다 누려서 정말 죄송하다는 그런 마음 말입니다. 부족함 없는 집안에서 태어났고 소위 말하는 명문대를 나와 그 좋은 대학원 과정까지 마쳤습니다. 전 세계를 떠돌며 멋진 일들을 해냈습니다. 그때 받은 명예와 영광이 과연 제가 온전히 차지해도 되는지, 지금도 잘 모르겠습니다.

그들에게 빚졌고 하나님께 빚졌습니다. 이제는 국민께 빚졌습니다. 여전히 부족하고 어리석지만, 앞으로도 변함없이 빚진 마음으로 살겠습니다.

제2부 대한민국에게 질문하다

대한민국은 어떤 나라인가

　대한민국이 본격적으로 국가 브랜드(Nation Brand) 이미지를 고민하게 된 계기는 2002년 한일 월드컵 때였습니다. 1988년 서울 올림픽을 개최했음에도 여전히 분단국가의 이미지, 중국과 일본에 가려진 이를 모를 국가라는 이미지를 갖고 있었으니까요. 이미지 제고를 통해 국가 경쟁력을 높여야 한다는 의견이 강하게 등장하면서 국정홍보처 주관의 대국민 영문 국가 슬로건이 공모되었습니다.

　그 결과 2002년 '다이내믹 코리아(Dynamic Korea)'가 국가 브랜드로 선정되었고 이후 '코리아 스파클링(Korea Sparkling)', '코리아 비 인스파이어드(Korea Be inspired)', '이매진 유어 코리아(Imagine your Korea)' 등의 관광브랜드를 거쳐 2016년 이후 '크리에이티브 코리아(Creative Korea)'가 국가 브랜드로 도입되었으나 프랑스 슬로건 표절 시비 등의 문제로 1년 만에 공식 폐기되었습니다. 그래서 현재 한국관광공사에서는 '이매진 유어 코리아(Imagine your Korea)'를 한국 관광 브랜드로 사용하고 있고, 새로운 국가 브랜드를 위한 논의는 잘 진행하고 있는지 모르겠습니다.

제가 해외에 있었던 2,000년대 초반에만 하더라도 미국을 비롯한 여러 나라 사람은 제 국적을 신기해했습니다. 중국과 일본을 알겠는데, 한국은 어디에 있는 나라냐는 질문이 제일 많았습니다. 2010년대가 지나면서 인식이 조금씩 개선되고 알려져서 제 국적을 이야기하면 다들 고개를 끄덕이게 되었습니다.

이렇게 국가 브랜드 슬로건의 변천사에서 확인할 수 있듯이, 전 세계에서 대한민국의 브랜드 평판은 점차 강해지고 있습니다. 특히 1990년대 후반부터 시작된 한류 열풍(韓流, Korean Wave)을 이어받아, 최근에 전 세계의 이목을 사로잡고 있는 K-Culture 열풍을 통해 한국이라는 국가 브랜드가 고공행진을 멈추지 않고 있습니다. GDP 규모 세계 13위(2022년 기준)를 차지하고 있는 한국은 2021년 스위스 제네바 본부에서 열린 〈제68차 무역

개발이사회〉에서 '선진국 그룹'으로 격상되었습니다.

그러나 전 세계 유래를 찾기 힘든 전무후무한 '한강의 기적' 뒤에는 무척이나 암울한 그림자가 도사리고 있습니다. 지나친 압축 성장에 따른 후유증이라 할 수 있습니다. 2023년 현재 OECD 국가 중 자살률 1위, 국가 위기에 직면한 저출생 문제, 실업률의 지속적인 증가, 후진국형 참사의 되풀이, 양극화 현상 심화 등의 사회 문제가 앞길 창창한 한국의 발목을 '제대로' 잡고 있습니다.

이제는 '개천에서 용 난다'는 말이 통하지 않는 사회가 되었고, 평생 열심히 살아도 말년에는 비참하게 살게 되는 노인 빈곤율 역시 40.4%로 OECD 37개국 중 1위(2020년 기준)를 차지하고 있습니다. 2명 중 1명은 노인이 되면 빈곤에 처하게 된다는 이 말도 안 되는 현상이 지금 한국에서 일어나고 있습니다. 더욱이 최근에는 갑질 범죄와 묻지마 범죄(이상동기 범죄) 등이 일상이 되면서 그 누구도 믿지 못하는 한국이 되었습니다. 왜 이렇게 한국이 부정적인 의미의 '다이내믹 코리아'가 되었을까요.

제가 진단하기에 지금 한국의 여러 사회 문제를 일으키는 원인 중 가장 큰 원인은 바로 '공동체의 붕괴'입니다. 앞서 언급했듯이 가족이 붕괴하면 곧 사회도 붕괴할 수밖에 없습니다. 대가족에서 핵가족으로의 급격한 변화가 이제는 1인 가구라는 막다른 곳에 이르렀습니다. 취업도 결혼도 출생도 포기한 N포 세대의 위기론 역시 이제는 익숙한 개념이 되어버렸습니다. 공동체가 아닌, '솔로 공화국'이 되어가고 있는 한국의 미래는 앞으로 어떻게 될까요.

여기에 더해 소득 양극화, 세대 갈등, 진보와 보수 갈등 역시 심해지면서 이제 입금만 되면 무슨 일이든 다 하는 한국이 되었습니다. 배려와 공동체 의식은 소위 '꼰대'가 추억에 젖어 말하는 시대에서나 통하던 개념입니다. 누가 어찌 되었든 나 하나만 살아남으면 되는 '각자도생 코리아'가 지금 우리가 처한 현실입니다. 과연 우리는 이렇게 심각한 위기에 처한 한국을 구해낼 수 있을까요.

저는 이렇게 사회 시스템을 정비하는 일을 마치 의사가 환자의 질환을 진단하는 것과 같다고 봅니다. 여기서 제가 무척 조심하는 것은 입법노동자가 처방까지 하는 일은 반드시 경계해야 한다는 점입니다. 질환의 치료를 '질환 예방 → 의사 진단 → 의사 처방(수술) → 회복'의 순서로 본다면, 입법노동자는 질환 예방과 진단까지 할 수 있습니다. 사회 시스템을 사전에 갖추되, 문제가 생기면 이를 해결하여 사회 시스템을 안정하는 일은 입법노동자의 가장 큰 임무입니다. 그러나 처방은 입법노동자 혼자 하는 일이 아닙니다. 입법부, 행정부, 사법부의 실천 이전에 국민의 합의가 먼저 일어나야 가능한 일입니다. 회복 역시 마찬가지. 몇십 년간 한국의 정치가 낙후된 이유가 바로 여기에 있습니다. 국회가 국민의 동의 없이 성급히 처방하고 개복수술까지 해버렸습니다. 환자가 어떤 질환을 앓고 있는지 잘 알지도 못하면서 말입니다. 심지어 수술 동의서도 절차대로 받지 않았습니다.

이제부터 저는 질문하는 사람이 되겠습니다. 이때의 질문은 한국의 여러 문제가 왜 발생하고 있는지에 대한 질문이자, 문제를 문제로 명명(命名)하는 질문이며, 문제를 진단하고 예방하는 질문입니다. 그다음의 과정은 우리 국민과 함께할 것입니다.

저출생 문제는 왜 발생했는가

합계출생율 0.78명.

최근 우리는 한국의 저출생 문제를 심각하게 보는 기사나 보고서를 심심치 않게 보고 듣습니다. 이제 진짜 한국에 위기가 오고 있다는 사실을 대부분 동의하고 있습니다. EBS 다큐멘터리 〈인구대기획 초저출생〉에서 조앤 윌리암스 캘리포니아주립대 교수가 한국의 저출생 현황을 보고 "대한민국 완전히 망했네요, 와."라는 말을 최근에 했습니다. 그리고 이 말은 지금 한국에서 밈(meme)으로 떠돌고 있습니다.

대한민국 모든 국민이 잘 알고 있습니다. 저출생 문제가 앞으로 어떤 문제를 초래할 것인지 말입니다. 국가를 일으킬 청년 인구가 줄면 국가의 생산력과 경쟁력이 줄

것이며, 결국 대(大)한민국은 소(小)한민국이 되고 말 것입니다.

그러나 아이러니하게도 한국의 젊은이들은 저출생 문제에 대해 별다른 생각이 없습니다. 제 주변의 20~30대 젊은이들에게 물어보면 하나같이 출생에 관심이 없습니다. 더 정확히 말하면, 연애와 결혼에 관심이 없습니다. 나 하나 먹고살기 바쁘니까요. 이에 반해 연세 지긋하신 분들에게 저출생 문제를 물어보면, 아주 심각한 문제라고 말씀하십니다. 이대로 가다간 나라가 곧 망할 것 같다고 걱정하십니다.

같은 문제인데 왜 세대별로 생각이 다를까요. 간단합니다. 결혼 적령기의 젊은 세대 처지에서는 지금 같은 초경쟁사회에서 배우자와 자녀가 없는 것이 경쟁에 유리합니다. 그러나 솔직히 말해, 기성세대는 앞으로 받아야 할 연금 재원의 고갈이 걱정될 것입니다. 그러니까 기성세대는 연애와 결혼을 '기피'하고 있는 젊은 세대를 곱지 않은 시선으로 보는 것입니다. 젊은 세대는 결혼과 출산을 안 하는 것(의지)이 아니라, 못하는 것(능력)인데 말입니다.

따라서 '저출생 문제는 심각한 것이다'라는 담론은 젊

은 세대에게는 폭력적일 수밖에 없습니다. 신혼부부에게 자녀계획을 묻는 것이 왜 결례인지는 이러한 속사정에 의한 것입니다. 아이를 낳고 기르는 것 자체가 얼마나 최악의 상황인지를 기성세대가 잘 알지 못하니까요.

구한말 이승만은 독립협회 연설에서 "2천만 조선 동포 여러분"이라는 말을 했고, 안중근 의사는 "2,200만 조선 백성이여"라는 말을 했습니다. 100여 년의 시간 동안 한반도 인구는 4배 가까이 늘었습니다. 그러나 이제 우리는 다시 2천만 인구가 될 수도 있음을 각오해야 합니다. 어떻게든 저출생 문제를 막을 궁리만 하는 것이 아니라, 초고령화사회 또한 대비해야 합니다. 이것이 정확한 현실 진단이자 준비일 것입니다.

그러나 기성세대는, 기성 정치집단에서는 다음과 같이 저출생 문제를 해결하려고 합니다. 사안이 매우 중대하니, 각종 지원책을 아낌없이 마련하고 지원금을 집행하여 젊은 세대가 결혼하고 아이를 낳을 수 있는 '유인책'을 마련하면 된다!

예전에 허경영 후보가 선거철에 공약으로 내세웠던 '결혼하면 5,000만 원 지원'이 이제 곧 현실화될 수도 있겠습니다만, 미안한 말이지만, 젊은 세대는 당장 1억을 준다고 해도 결혼과 출생을 할 생각이 추호도 없습니다! 차라리 반려견과 반려묘를 키우는 게 낫죠.

왜일까요? 저출생의 원인은 돈이 아니니까요. 바로 '노동시간'이 문제입니다! 중남미 국가를 제외하고 전 세계에서 노동시간이 가장 긴 국가가 바로 한국입니다. 예컨대, 1~2시간 출근 시간이 소요되는 곳으로 출근하여 오후 6시 칼퇴근을 하더라도 집에 들어오면 파김치가 됩니다. 아이 학원비가 점차 눈덩이처럼 불어나니 맞벌이는 필수. 누가 우스갯소리로 그러더라고요. 아이 학원비는 아이 나이에 십만 원씩 붙이면 된다고요. 7살은 70만 원, 10살은 100만 원, 15살은 150만 원….

그러면, 아침부터 저녁까지 누가 아이를 돌봐줄까요? 식구(食口)가 모여 함께 저녁 식사는 할 수 있을까요? 주중에 아이가 아파서 어린이집이나 학교에 못 가면 부부 둘 중 하나는 바로 휴가를 써야 합니다. 부부 중 한 명이 야근이나 회식을 하게 되면 이른바 '독박육아'를 남은 자가 감당해야 합니다. 혼자 살 때보다 삶의 질이 현저하게 떨어지니 어떤 바보가 결혼하고 아이를 낳겠습니까. 비혼주의자를 자처한 사람들이 현명한 사람일지도 모릅니다.

최근 '경력 단절'을 겪고 있는 '경단녀'가 매년 140만 명씩 늘고 있습니다. 만 25~54세 대한민국 여성 8,521명을 대상으로 벌인 '2022년 경력단절여성 등의 경제활동 실태조사'에 따르면, 평생 출산과 돌봄 등 이유로 경력 단절을 경험한 여성이 10명 중 4명이라고 하니, 출산과 돌봄의 부담이라도 덜어주면 출생률이 조금 올라갈지도 모르겠습니다. 그렇다면 이러한 육아와 가사노동 문제를 어떻게 해결할 수 있을까요? 답은 간단합니다. 남성이 육아와 가사노동에 적극 개입하면 됩니다. 그러나 현실은 불가능합니다! 여전히 남성은 육아휴직을 제대로 쓸 수 없고, 야근에 지친 남성이 얼마나 육아와 가사노동에 온 정성을 쏟을 수 있을까요.

그래서 저는 2023년 3월 21일 월 100만 원 외국인 가사도우미 법안(가사근로자의 고용개선 등에 관한 법률(가사근로자법))을 발의했습니다. 당장 노동계에서는 법안 철회를 촉구했습니다. 한국에서 가사 서비스는 중, 고령 여성들의 중요한 일자리니, 상대적으로 값싼 외국인 가사도우미의 유입은 분명 중, 고령 여성들의 일자리를 뺏는 일이 될 것이니까요. 또한, 불법체류자가 증가할 위험성 역시 도사리고 있습니다.

그럼에도 불구하고 맞벌이 가정이 가사 근로자를 찾기 어려우니, 저출생 문제 해결과 여성의 경력 단절 문제를 막기 위해서는 실질적인 대책이 필요합니다. 예컨대 싱가포르는 1978년부터 월 70만~100만 원의 '저임금 외국인 가사근로자' 제도를 도입했습니다. 최저임금 적용이 문제이긴 하지만, 한국도 이처럼 월 100만 원의 외국인 가사도우미 도입이 가능하다고 봅니다. 물론, 여러 문제가 발생할 것으로 예측하지만, 시도는 해볼 만하다고 생각합니다.

다행히도 지난 9월, 국무조정실에서 외국인 가사관리사(체류자격E-9) 시범사업 추진을 결정했습니다. 그리고 올해 12월 서울지역에서 필리핀 출신 외국인 가사도우미 100명을 시범 도입이 예정되어 있습니다. 과연 어떤 효과와 문제점이 발생할까요. 빌 클린턴의 말("It's the economy, stupid")을 이렇게 패러디하고 싶습니다.

"바보야, 문제는 돈이 아니라 노동시간이야."

소득불평등은 왜 심화되고 있는가

전 세계적으로 소득불평등 혹은 경제 양극화는 계속 증가하는 추세입니다. 대부분의 나라가 가진 자가 더 많이 벌 수 있는 자본주의를 택하고 있기 때문입니다. 한국 또한 여기에 질세라, 세계불평등연구소의 〈세계 불평등 보고서 2023〉에 따르면 한국은 OECD 회원국 가운데 비교 가능한 30개국 중 멕시코(8.7%)에 이어 두 번째로 3.3%의 증가 폭을 보이고 있습니다. 이 보고서를 자세히 들여다보면 한국이 얼마나 빠르게 소득불평등이 진행되고 있는지 알 수 있습니다. 보고서에 의하면, 2007년부터 2021년까지 한국은 소득 최상위 1%가 전체 소득에서 11.7%를 차지하고 있으며, 소득 최상위 10%의 비중도 같은 기간 2.5% 증가한 34.4%를 기록했습니다. OECD 회원국 중 네 번째로 최상위 10%의 소득 비중 증가 폭이

큽니다.

 정리하자면, 한국의 전체 소득에서 최상위 계층 몫은 계속 증가하고 중하위 계층의 몫은 계속 감소하고 있습니다. 큰 이변이 없는 한, 당분간 이런 움직임은 더 빠르게 전개될 것으로 보입니다.

 물론, 사회가 발전하고 국내총생산(GDP)가 증가할수록 중하위층의 소득도 올라가겠지만, 문제는 최상위층의 소득 증가 폭이 훨씬 더 빠르다는 점에 있습니다. 왜 최상위층의 소득 증가 폭이 중하위층보다 빠를까요.

 여기서 저는 '부가가치'의 문제를 지적하고 싶습니다. '부가가치'란 노동, 자본, 토지, 기업활동 등 생산과정에 투입된 모든 요소가 창출한 가치를 뜻합니다. 그런데 최상위층의 부가가치는 매우 다양합니다. 그러나 최상위층은 노동보다는 자본과 토지, 기업활동 등으로 가치를 창출합니다. 반면에 중하위층은 자본과 토지보다는 노동으로 가치를 창출하는 데 그칩니다. 쉽게 말해, 흙수저는 '단순하게' 신체 노동으로 돈을 벌지만, 금수저는 '복잡하게' 땅과 기업으로 돈을 법니다. 이것이 바로 소득불평등의 핵심입니다!

그렇다면 이와 같은 계층 간의 부가가치 편차는 과연 해결할 수 있을까요. 저는 크게 세 가지 측면으로 문제를 생각해 봅니다.

첫째, 혁신가 또는 경영가를 키우는 공교육으로 패러다임을 바꿔야 합니다. 신체 노동이 주가 되는 하방 노동시장의 부가가치는 계속 떨어질 수밖에 없습니다. 재택근무를 비롯해 기계와 AI가 인간의 신체 노동을 대체하고 있으니까요. 기업 입장에서는 인간을 고용하는 것보다는 자동화 기계가 비용 절감 면에서 더 효과적일 것입니다. 그렇다면 하방 노동시장에 참여할 수밖에 없는 중하위층을 어떻게 해야 할까요. 제 생각에는, 공교육부터 패러다임부터 다시 짜야 합니다. 거짓말하지 말고 시간 약속을 잘 지키라는 기존의 공교육은 철저히 노동자계급, 산업노동자를 양성하기 위한 교육에 지나지 않습니다. 이제 한국은 '닦고 조이고 기름치자'는 산업노동자를 키우는 교육이 아니라, 혁신가, 경영가를 키우는 교육이어야 합니다. "한 명의 천재가 만 명을 먹여 살린다"는 이건희 전 삼성그룹 회장의 말처럼 혁신가를 키우는 교육으로 패러다임이 바꿔야 합니다. 그래야 흙수저인 중하위층이 점차 줄어들 수 있습니다.

둘째, 하방 노동시장의 실질 노동 인력을 줄여가는 사회적 합의가 필요합니다. 몇 시간 만에 지구 반대편에 갈 수 있는 비행기를 타는 공항도 쓰레기 줍는 사람이 있어야 하고, 화장실 청소하는 사람이 있어야 합니다. 그러나 이런 인력은 곧 기계로 대체될 것입니다. 지금은 어쩔 수 없이 '휴머니즘'에 입각하여 인간을 고용하고 있을 뿐입니다. 그러나 이제 우리는 결단해야 합니다. 뒤이어 언급하겠지만, 저임금의 외국인 노동자를 들여오거나 인간이 아닌 기계의 대체를 인정하고 합의해야 합니다. 하방 노동시장에는 최소한의 사람만 남겨야 합니다.

셋째, 보드게임 〈부루마불(Blue Marble)〉에서 세계 한 바퀴를 돌면 월급 20만 원을 주는 것처럼 '기본소득'이 필요합니다. 처음에는 다 똑같은 금액으로 부루마불을 시작하지만, 시간이 지날수록 비싼 도시에 호텔과 빌딩을 지어 돈을 버는 사람이 있고, 비싼 도시에 걸려 호텔이나 빌딩값을 내면서 돈을 잃는 사람이 있습니다. 1명만 남고 모두가 파산하면 게임 끝. 그러나 부루마불에는 아름다운 규칙이 하나 있습니다. 바로 누구든 출발점으로 되돌아오면 월급 20만 원을 준다는 것. 이 20만 원은 다시 지구를 한 바퀴 돌 수 있는 자금이 됩니다. 그러니까 쉽게 비유하자면, 20만 원은 게임을 지속할 수 있는 최소한의 '판돈'

입니다. 어떤 운이 좋은 친구는 위험한 도시에 걸리지 않은 채, 무인도에서 3번 쉬었다가 황금열쇠 또는 콩코드나 콜럼비아호를 타고 다시 시작점으로 돌아가서 20만 원 더 받기도 합니다. 그렇게 게임을 지속하게 하는 것이 바로 시작점의 월급. 현실 버전으로 하면 '기본소득'입니다. 혹자는 보편적 복지가 아닌 선별적 복지를 해야 하니 부자에게까지 굳이 기본소득을 줄 필요가 없다고 하지만 잘 생각해 보면, 복지를 가능하게 하는 세금을 제일 많이 내는 사람이 바로 부자입니다! 그러니 부자가 자신이 세금 내는 것을 서운하지 않게 잘 달래야 하지 않을까요.

소득불평등은 자본주의를 선택한 만큼 어쩔 수 없이 받아들여야 하는 필요악입니다. 문제는 이것을 내버려 두지 않고 어떻게 현명하게 잘 다스리느냐에 따라 그 사회의 가능성이 정해집니다.

우리는 누구나 행복하게 살 권리가 있습니다. 누군가를 보고 질투하거나 자신을 불행히 여기는 사회보다는, 자기 삶에 만족하되 끊임없이 자신의 발전을 도모할 수 있는 사회를 만들어야 합니다. 소득불평등은 결국, '왜'가 아니라 '어떻게'의 문제여야 합니다.

취업난은 왜 발생하는가

앞서 언급한 소득불평등 문제와 같은 맥락으로 이어지는 한국사회의 가장 큰 문제는 바로 취업난입니다. 이때의 '난'은 '어려울 난(難)'이기도 하고 '어지러울 난(亂)'이기도 합니다. 취업하기 '매우' 어렵다는 뜻이기도 하고 취업 문제가 '매우' 복잡하다는 뜻입니다. 최근에는 한 군데 정착하지 못하고 여러 회사를 돌면서 자신에게 맞는 직장을 찾는 '취업낭인'도 있고, 한 가지 직업에 만족하지 못하고 여러 직업을 갖는 'N잡러'도 있습니다. '본캐(본래 캐릭터)'가 아니라 '부캐(부가 캐릭터)'가 많다는 말을 하기도 합니다. 그러나 여전히 '취준생' 혹은 '취포생'이 더 많은 것이 한국의 현실입니다. 중장년 실업률도 그렇지만 청년 실업률은 계속 가파르게 오르고 있습니다. 그렇다면 수요만큼 일자리 공급이 한국에 부족하다는 뜻일까요?

정답부터 말씀드리자면, 정량적으로 일자리는 어느 정도 충분합니다. 청년 취업난을 대표적으로 생각해 보면, 문제는 일자리가 없는 것이 아니라, 청년이 원하는 일자리가 적다는 점입니다. 즉, 미래를 계획할 수 있을 만큼의 충분한 보수와 적당한 복리후생이 주어지는 '양질(high quality)'의 일자리가 턱없이 부족하다는 사실입니다. 여전히 중소기업을 비롯해 조선업, 건설업, 농업 등의 소위 '3D' 현장에는 사람이 없이 일이 진행되지 않습니다. 또한, AI나 반도체를 다루는 고부가 산업현장에도 일손이 부족합니다. 최근 인공지능학과, 드론학과, 반도체학과, 배터리학과 혹은 대학원이 각 대학교에 급하게 신설되고 있지만, 이 인력들이 산업현장에 투입될 때까지는 어느 정도의 시간이 필요하니 현장에서는 인력난에 허덕이고 있다고 합니다.

다시 말해, 구직자와 기업 간의 '미스매치(mismatch)'가 한국에 만연한 것입니다. 왜 그럴까요. 전통적인 일자리(job)의 개념이 아닌 일(work), 고용(employment)이 아닌 창업(establishment)으로 사회 형태가 바뀌는 과도기에 한국이 위치에 자리하기 때문입니다. 우리가 소위 말하는 선진국들은 한국의 기업처럼 '9 to 6'(+야근)가 아니라, 원하는 시간에 원하는 만큼만 일합니다. 주4일제를 하기도 하고, 탄력근로제를 시행하기도 합니다. 유럽 어떤 나라들은 1년에 3~4주씩 여름휴가를 보내기도 합니다. 반면에 한국은 그 어떤 나라보다 치킨집 사장님과 같은 자영업자가 압도적으로 많으니, 살기 위해 일하는 것이 아니라, 일하기 위해 사는 것 같습니다.

최근에는 '시럽급여(실업급여)' 논란도 있었습니다. 실업급여제도의 허점을 노린 반복, 부정 수급자가 늘면서 도덕적 해이 논란이 있었습니다. 제도 개편이 필요하다는 점에 저 역시 동의합니다. 일하는 사람과 쉬는 사람 소득이 비슷하다면, 누가 일을 하겠습니까. 열심히 일한 자에게는 노력의 대가를 반드시 줘야 합니다. 그래서 저는 '노동보조금'이라는 것도 생각해 봅니다. 국가가 일하는 국민에게 기업 월급의 10%를 더 지원해 주면서 취업을 독려하는 그런 시스템 말입니다.

사회학적으로 30대 초반까지 사회적으로 의미 있는 활동을 하지 않으면 자존감이 급격하게 하락한다고 합니다. 특히 남자는 군대도 다녀와야 하니, 시간이 많지 않습니다. 고등학교 혹은 대학교를 졸업하고 나서 10년. 안타깝게도, 한국에서는 이 10년이 한 사람의 평생을 좌지우지합니다. 한국 사회 특성상 다른 일을 찾을 여유 혹은 두 번째 기회(second chance)가 많지 않기 때문입니다. 그러니 이 10년 동안 일하는 것이 노는 것보다 훨씬 낫다는 것을 스스로 깨닫게 해야 합니다. 그런데 문제는 양질의 일자리가 많지 않고 일정 수로 유지되고 있다는 것입니다.

그렇다면 이 양질의 일자리는 무엇일까요. 바로 '정규직'입니다. 왜 정규직이 양질일까요. 해고당하지 않기 때문입니다. 이에 반해 비정규직은 해고당하기 쉽습니다. 비정규직은 계약기간을 단기간으로 잡기도 하고, 해고에 따른 비용이 적으니 쉽게 해고할 수 있습니다. 따라서 정규직은 비정규직이 정규직으로 들어오는 것을 반대하고, 비정규직은 정규직으로 들어가는 것을 '간절히' 원합니다. 왜 그럴까요. 정규직은 단 한 번의 취업으로 인생 전체를 안정시키고 싶어 합니다. 소위 '-사'자 가 들어가는 직업이 그렇습니다. 의사, 변호사, 회계사 등의 직업은 자격증 한 번만 따면 평생의 소득이 어느 정도 보장됩니다.

사정이 이러하니, 정규직은 적절한 정원을 유지하고 싶어 합니다. 만약 정규직이 일정한 조건 없이 많아지면 평생의 소득이 보장되지 않으니까요. 마치 의대 정원(2023년 기준 3,058명)이 고정되어 있듯이 말입니다. 만약 누구나 쉽게 의대에 갈 수 있고 병원을 차릴 수 있다면, 병원들도 서로 치열하게 경쟁해야 합니다. 그러면 평생 소득이 보장되기 어렵겠죠.

그런데, 제가 세계은행에 근무할 때, 세계은행 내에서는 정규직과 비정규직의 월급이 똑같았습니다. 계약기간의 차이만 있을 뿐입니다. 어떤 외국계 기업은 오히려 비정규직이 정규직보다 월급이 1.3배에서 1.5배 많기도 합니다. 노동의 불안전성을 돈으로 보상하는 것입니다. 불안한 만큼 월급을 더 주고, 안정적인 만큼 월급을 덜 주는 구조. 즉, 비정규직으로 겪는 불확실에 프리미엄을 주는 것! 결국, 이런 프리미엄은 인식의 변화를 이끄니, 비정규직 혹은 '천한 일'을 한다고 해도 무시당할 이유가 없습니다. 그만큼 고소득이니까요.

미국 유학생 때 한번은 제 차가 고장 나서 수리 맡길 곳을 찾게 되었습니다. 이왕이면 한국 사람이 운영하는 곳을 가자는 생각으로 수소문 끝에 한국 사람이 운영하는 수리점에 갔습니다. 반갑게 인사하고, 수리도 무사히 끝났습니다. 그런데 문득 궁금해서 제가 물었습니다. 한국에서 무슨 일을 하셨느냐고 말입니다. 그분은 한국에서도 똑같이 자동차 수리를 하는 엔지니어였다고 답했습니다.

그래서 또 물었습니다. 같은 일을 하실 거면 고국에 있는 게 더 좋지 않으냐고 말이죠. 그분은 이렇게 답하고 미소 지으셨습니다. "여기 사람들은 우리를 무시하지 않아요."

결국, 한국에서 취업난이 일어나는 궁극적인 이유는 '정규직 VS 비정규직의 문제'라 할 수 있습니다.

저는 한국도 이제 이런 패러다임 전환(paradigm shift)이 필요하다고 생각합니다. 이렇게 되면, 고용의 유연성이 확보됩니다. 특히, 미국이 그렇죠. 쉽게 사람을 구하고 쉽게 사람을 내보냅니다. 호황과 불황에 따라 기업이 생산성을 조절할 수 있게 되는 거죠. 이렇게 되면, 개인 또한 생애주기에 따라 노동을 조절할 수 있습니다. 예컨대 아이가 어리다면 육아와 가사노동의 강도가 높아지니 부모는 비정규직으로 돈을 벌고, 아이가 어른의 손길이 필요 없는 때가 되면 부모는 정규직으로 돈을 버는 겁니다. 한창 활력이 넘치지만, 재산이 적은 청년 때는 '빡세게' 일하고, 에너지는 적지만 재산이 어느 정도 축적된 노년일 때는 '적당히' 일하는 겁니다. 기업과 개인, 남녀와 노소 모두가 윈윈하는 전략이 아닐까 합니다.

여전히, 한국에서는 정규직이 신분이고 계층이며 사회를 이끈다고 생각합니다. 하지만 이미 전 세계 곳곳에서는, 특히 선진국에서는 정규직과 비정규직의 선택이 자유롭습니다. 오히려 비정규직으로, 부캐로, N잡러로 자유롭게 일합니다. 언제든 자신이 원하는 일을 하고 또 쉴 수 있으니, 행복할 수밖에 없습니다. 최근 이런 '참신한 삶'을 사는 한국의 젊은이들이 조금씩 늘어나고 있긴 합니다.

소위 말하는 대기업에 입사해 정년까지 죽어라 일만 하는 '평생직장'이라는 전통적인 개념은 점차 사라지고 있습니다. 더욱이 100세 시대에 정년 이후 또한 고민하지 않으면 안 되니, 생애주기에 맞는 일을 하고 돈을 벌어야 합니다.

만약 가능하다면, 공기업 혹은 정부 부처에서 이런 시도를 가장 먼저 해보는 것도 좋을 듯합니다. 최근 공무원 인기가 바닥이라고 합니다. '워라벨'이 워낙 떨어지니까요. 그러니, 공무원도 비정규직 혹은 계약직으로 탄력적으로 인력을 배치하면 오히려 각 부처 수행 능력이 향상되지 않을까 합니다.

저는, 비정규직이 정규직보다 연봉이 더 높은 한국을 기대할 것입니다.

갑질 문제는 왜 발생하는가

올해 초에 막국수가 '급' 땡겨서 새 아파트가 들어선 전통시장을 찾은 적이 있습니다. 12년째 막국수만 전문으로 하는 '찐맛집'이라 면발은 슴슴하니 국물이 일품이었습니다. 음식값도 무척 저렴했습니다. 감사 인사도 전할 겸, "사장님 식당 하시면서 제일 힘든 게 뭐에요?"하고 물었습니다. 사장님은 뜻밖의 대답을 하셨습니다. 예전에 아파트 입주민이 자신을 너무 무시해서 힘들었다는 것이었습니다. 그래서 또 저는 물었습니다. 왜 아파트 사람들이 사장님을 무시하느냐고 말입니다.

그 이유인즉슨, 분양받은 새 아파트에 입주하면서 몇 억의 시세 차익을 누리게 되었으니 본인이 가진 자처럼 행세한다는 것이었습니다. 식탁이 더럽다, 실내가 덥다,

환기 좀 시켜달라, 메뉴판 좀 잘 보이게 만들어 달라 등 다양한 불만을 토로한다는 것입니다. 아파트가 들어서기 전 빌라촌의 사람들은 한 번도 불평해 본 적이 없었는데 말입니다. 전통시장에 있는 막국숫집이 얼마나 청결하고 세련된 인테리어를 갖췄으며 환기가 잘 되겠습니까. 말 그대로 '노포집'이니, 가성비, 가심비로 감사하게 먹으면 그만, 마음에 안 들면 안 가면 그만인데 말입니다.

그런데 또 최근에는 많이 나아지셨다고 사장님께서 말씀하셨습니다. 왜인지 또 저는 물었습니다. 사장님의 대답 또한 뜻밖이었습니다. 아파트값이 엄청나게 오르니 분양받았던 사람들이 썰물처럼 빠져나가고, 이제 좀 점잖은 분들이 이사 오면서 맛있게 식사하시고 기분 좋게 돌아가신다는 것이었습니다. 참으로 뼈아픈 한국의 민낯이었습니다.

코로나 19가 한창일 때, 택배기사 한 분을 만나 대화를 나눈 적이 있습니다. 어떤 동네가 일하기 편한지 기사님께 여쭤보았더니, 대답은 아주 간단했습니다. 부자 동네가 일하기 편하다고 말입니다. 왜냐고 다시 여쭤봤습니다. 막 분양받아 아파트값이 요동치는 곳일수록 택배기사를 사람 취급하지 않는다고 합니다. 아파트 소유를 권력

혹은 신분으로 착각한 것이죠. 앞서 언급한 정규직과 비정규직의 문제와 같은 맥락입니다. 분양 이후 제값으로 아파트를 샀으면 그래도 능력(돈)이 있다고 말할 수 있겠지만, '분양 로또'를 맞은 사람이라면 능력과 별개로 얻은 행운일 텐데 말입니다.

최근 한국사회는 갑질 문제로 몸살을 앓고 있습니다. 상대적으로 우위에 있다고 여기면, 상대를 무시하거나 폭력을 저질러도 된다고 생각합니다. 특히 '갑-을'의 계약 관계 혹은 종속 관계에 있다면 '을'은 어쩔 수 없이 '갑질'을 참아야 합니다. 최근에는 갑질이 변형되어 '가스라이팅(gaslighting)'으로 상대방을 통제하기도 합니다. 상황이 이러하니, '을'은 또 다른 '을'에게 갑질을 하게 됩니다. 일종의 복수인 셈이죠. 당한 만큼 돌려주겠다는 심보입니다.

그런데 가만히 생각해 보면, 우리는 '갑'은 늘 '갑'이고, '을'은 늘 '을'로 살 것이라는 두려움에 사로잡혀 있습니다. 정규직과 비정규직, 금수저와 흙수저처럼 말입니다. '갑'의 이익을 지키려면 '을'이 침범하는 것을 막아야 하고, '을'은 끊임없이 '갑'이 되고 싶어 합니다.

왜 이렇게 갑질이 심해졌을까요. 경희대학교 사회학과 송재룡 교수는 한국의 갑질 문제가 단순히 개인의 도덕성 문제가 아니라 사회 구조적 문제라고 진단하기도 했습니다. 다른 나라에 비해 유교 이데올로기가 강하게 남아 있어 왕/신하, 양반/천민, 성인/아동, 남/여 등의 문화 정서적 경향이 여전히 남아 있다는 겁니다. 한국어에 있는 높임법이 바로 그 예증이기도 합니다.

이러한 한국의 문화 정서적 경향을 저 역시 모르는 것은 아니지만, 제가 해외에서 경험한 바로는, 대다수 국민이 행복하게 사는 나라일수록 이런 상하의 구조 없이 남녀노소 모두 평등합니다. 다만, 철저히 계약서(contract)에 따른 관계가 존재합니다. 그러나 그 계약서는 정말 세세하게 모든 것이 적혀 있습니다. 어떤 것은 해도 되고 어떤 것은 하면 안 되는지, 계약을 위반하면 어떤 보상을 해야 하는지 등 일어날 수 있는 모든 가능성을 최대한 예측하고 반영합니다. 이를테면 업무 시각 20분 이상 지각은 월급에서 10불 차감, 업무 외 초과수당은 1시간당 20불 등으로 말입니다. 사장이 늦게 퇴근한다고 모든 직원이 눈치 보며 퇴근 못 할 필요가 없습니다. 업무 외 부당지시도 당연히 불가능합니다. 계약서에 그러면 안 된다고 적혀 있으니까요.

그런데, 한국은 여전히 이런 계약서 문화에 소극적입니다. 오히려 계약서를 달라고 하는 '을'과 계약을 맺지 않는 '갑질'이 존재합니다. 제가 예전에 어디서 들은 이야기인데, 문화체육관광부에서 어떤 행사를 치를 때, 계약서를 요구하는 사람은 다음 행사 때 부르지 않는다고 합니다. 계약서로 상징되는 근대성(modernity)이 아직 한국 사회에 뿌리내리지 않았습니다.

안타깝게도 요즘 시대에 배려 혹은 공동체 의식을 강조하고 요청하기는 쉽지 않습니다. 인간은 누구나 존엄성을 갖고 있고 그래서 그 자체로 존중받아야 한다는 말은 교과서에서나 찾아볼 수 있는 말입니다. '노블레스 오블리주(noblesse oblige)'는 사전에서나 찾아볼 수 있는 말이 되었습니다.

정말 안타까운 현실입니다만, 여기서 제가 해외에서 경험했던 '계약서 문화'가 한국의 갑질 문제를 어느 정도 해결해 줄 수 있지 않을까 합니다. 물론 계약은 '갑'과 '을'이 존재합니다. 그러나 만약 계약서를 국가가 일정 수준으로 관리하여 갑이 '갑질'을 하지 못하게 조항을 강제한다면, 그래서 갑이 '갑질'을 하면 엄청난 손실을 보도록 강제한다면, 자동으로 갑질 문화가 사라지지 않을까요.

개인의 도덕성을 기대하기 어렵다면, 개인이 도덕성을 지킬 수 있도록 사회 시스템을 구축하는 방법도 생각해볼 만하지 않을까요?

연금개혁을 왜 해야 하는가

최근 국민연금 개혁과 관련하여 논의가 한창입니다. 현행으로는 2055년에 국민연금이 고갈될 예정이니, 국민연금 개혁안이 서둘러 전개되어야 합니다. 거둬들이는 연금과 그에 따른 수익은 한정되어 있지만, 부양할 고령화 인구는 계속 많아지므로 그렇습니다. 특히 작년에는 기금 수익률이 -8.22%였고 그 손실액만 약 80조 원으로 1999년 기금운용본부 출범 이래 역대 최저를 기록했습니다. 물론 2023년 10월 현재 올해 약 10% 수익률을 내고 있다고 하니, 정말 다행이긴 합니다.

이에 따라 보험료율을 15% 이상 인상하고 연금 수령을 시작하는 나이를 68세까지 늦추는 방안이 현재 조심스럽게 제기되고 있습니다. 어쩔 수 없이 현재보다는 더

내고 더 늦게 받는 상황이 되었습니다. 더욱이 최근 10년 한국은 4~5%의 수익률을 보이고 있지만, 미국, 캐나다, 네덜란드 등의 7~10% 연금 수익률(10년 기준) 정도는 따라가야 한다는 의견 역시 나오고 있습니다.

상황이 이러하니, 젊은 세대는 국민연금을 '아예' 기대하지도 않는다고 합니다. 당연한 결과입니다. 젊은 세대가 지금부터 열심히 연금을 부어도 정작 본인이 연금 탈 시기에는 연금이 고갈된다고 하니, 누가 연금을 성실하게 붓고 노후 보장에 대해 확신을 할까요.

물론, 한국의 노령층 부양비는 타 나라와 비교하면 극히 적은 편입니다. 한국은 GPD 대비 3%의 노령층 부양비를 책정하고 있지만, 이는 OECD 조사 대상 39개국 중 5번째로 낮은 순위(2021년 기준)를 차지하고 있습니다. 그러나 2024년 하반기에 한국은 전체 인구에서 만 65세 이상 노인이 20%를 넘기는 '초고령국가'로 등극할 예정이니, 노령층 부양비를 더욱 빠르게 증가시켜야 할 것입니다. 그래서 폭발적으로 늘어가는 노령층을 위해 2024년 복지 예산안은 2023년 대비 10% 이상 인상될 예정이라고 합니다.

각종 경제 관련 뉴스 등에서는 국민연금보다는 개인연금과 IRP 퇴직연금을 먼저 준비하라고 조언합니다. 국민연금만으로는 노후를 충분히 보장하기 어렵다는 점을 전제로 하고 있죠. 그러나 사실, 국민연금은 국가가 사회적 약자인 노령층을 보호하기 위한 마지막 수단입니다. 국민연금은 노령층의 '기초생활'을 보장해 주는 것이지, '풍요로운 노후'를 보장해 주는 것은 아닙니다.

잠깐 한국의 복지제도를 생각해보면, 너무 빠르게 산업화가 진행되면서 '복지(welfare)'라는 사회적 안전망 역시 촘촘하게 만들어지지 못했습니다. 몇백 년간 민주주의와 자본주의를 겪으면서 시행착오 끝에 만든 미국과 유럽의 복지제도에 비하면, 한국은 거의 몇십 년 만에 뚝딱 해치웠죠. 여기저기 구멍도 많이 뚫려 있고 이중삼중 땜질 처방도 상당합니다.

결국, 압축 성장 중에 한국은 국민의 행복한 삶을 국가가 아닌 국민 스스로 보장할 수 있도록 하는 '묘수'를 둡니다. 바로 높은 주택보급률! 정부는 전 세계 전무후무한 아파트 청약제도를 만들어 국민이 분양받아 아파트 자산으로 노후를 준비하라고 합니다. 여기에 더해 은행에서 얼른 아파트 사라고 저금리에 대출도 해줍니다. 그 집에서 결혼도 하고 아이도 낳고 노후까지 잘 있으라는 겁니다. 즉, 자산에 근거한 복지가 현재까지의 복지제도였던 셈입니다. 문제는 이제 이런 '공식'이 전혀 통하지 않는다는 것입니다. 아파트값이 너무 올라 대출받아 아파트를 산들 그 이자도 감당하기 어렵습니다. 대출이라도 받을 수 있으면, 그나마 소득 능력이 있는 겁니다. 대출받아도 가진 현금이 매우 적어 아파트를 살 수 없거나, 대출받을 수 없을 만큼 소득이 적은 사람이 점차 늘어가고 있습니다. 값비싼 아파트에 살고 있지만, 정작 그 안에서는 빚에 쪼들리며 옴짝달싹 못 하고 있는 것이 현 상황이죠. 2023년 현재, 전 세계적으로 이렇게 가계부채가 높았던 적이 없습니다. 곧 터지기 직전이라고 여기저기서 경고의 메시지가 나오고 있습니다.

이에 따라 저는 국민연금이 고갈되는 문제에 앞서 연금 개혁의 본질부터 생각해 봅니다. 보험료율을 높이고 운용수익률을 높이는 것도 중요하지만, 이에 앞서 더 근본적인 대책이 필요합니다. 정말 큰 이변이 없는 한 한국은 앞으로 '꽤 오랫동안' 초고령국가로 유지될 텐데, 단기적이고 근시안적인 개혁은 언 발에 오줌 누기에 불과할 것입니다. 이에 저는 다음의 3가지를 생각해 봅니다.

첫 번째, 어떻게든 노인 빈곤율을 떨어뜨려야 합니다. 생애주기에 따라 자산 증식의 기회를 최대한 부여하되, 소득분위에 따라 국민연금 투여를 보다 적극적으로 해야 합니다. 여기서 제가 생각하는 '묘수'는 국민연금을 국민의 적립금으로만 운영할 것이 아니라, 적절한 수준의 세금도 투여하는 것입니다. 적립금이 부족하면 세금도 투여해서 보다 운용수익금 자체를 높이고, 이에 따라 연금 지급액을 높여야 합니다.

두 번째, 국민에게 국민연금은 반드시 수령 가능하다는 확신을 줘야 합니다. 대한민국이 망하지 않는 이상, 연금은 반드시 지급할 것이며, 특히 청년세대에게 연금을 오래 낼수록 오래 받을 것이라는 확신을 심어줘야 합니다. 이를 위해 저는 국민연금 지급을 '헌법으로 명시'할 것을 제안해 봅니다. 말 그대로 한국이 망하지 않는 이상, 반드시 연금을 지급하며, 지급 못 할 시에 국가를 상대로 소송까지 가능하다는 것을 보여준다면, 국민이 더욱 안심하고 국민연금을 신뢰하지 않을까 합니다.

세 번째, 한국은 청년들에게 자산을 증식할 수 있는 일자리는 주지 못할망정, 대출만 늘려주면 안 됩니다. 이것은 기성세대의 윤리 문제이기도 합니다. 기성세대는 이미 상당 수준 자산을 축적했으면서, 젊은 세대에게는 자산 축적의 기회를 주지 않습니다. 정년 연장만 하려고 하지, 젊은 세대에게 자신의 일자리와 소득을 나눠주려 하지 않습니다. 오히려 자신들의 노후를 책임져 줄 젊은 세대가 줄어드는 것만 탓하고 있죠. 기성세대가 높이 올려놓은 아파트값을 젊은 세대가 어떻게든 대출받아 구매하기를 기다리고 있습니다.

정리하자면, 청년에게는 일자리가 복지고, 노년층에게는 연금이 복지입니다. 일자리와 연금 모두 현재를 살아가게 하는 확정 소득입니다. 청년은 노년층을, 노년층은 청년을 서로 신뢰하지 않고 받쳐주지 않는다면, 곧 함께 무너질 것입니다. 따라서 국민연금 개혁이 진짜 필요한 이유는 기금 고갈의 위기가 아니라, 국민 신뢰의 문제입니다.

묻지마 범죄는 왜 발생하는가

최근 묻지마 범죄(이상동기 범죄)가 급증하고 있습니다. 일일이 언급하기도 어려울 만큼 하루가 멀다고 일면식 없는 일반인을 대상으로 한 폭행, 살인 사건이 전국에 걸쳐 일어나고 있습니다. 이런 강력 범죄에 대한 염려로 개인 호신용품 판매량이 급증하고 있으며, 올해 여름 한때 전국 도심 곳곳에 장갑차와 경찰 특공대 배치까지 할 정도였습니다. 최근 여러 보고서를 보면, 묻지마 범죄는 인구가 많은 대도시 지역에서 주로 발생하며, 이유 없는 범죄, 화풀이에 의한 범죄, 정신병(조현병)에 의한 범죄 등의 3가지로 나타난다고 합니다. 또한, 범죄자는 소득 수준이 낮으며 비정규직 혹은 일용직 종사자로 동거인 없이 혼자 거주하는 사람이 대부분을 차지한다고 합니다.

이러한 범죄 특성을 살펴볼 때 결국, 묻지마 범죄는 감당할 수 없는 스트레스와 분노, 그리고 인간관계의 단절과 사회부적응 문제 등이 복합적으로 작용한 것입니다. 이는 현재 한국 사회와 한국인의 정신상태를 명확히 진단하는 리트머스 시험지라 할 수 있겠습니다. 그만큼 한국 사회가 불안정하다는 뜻이겠죠.

여기서 제가 주목하는 것은, 한 개인이 왜 스트레스를 관리하지 못하고 분노와 폭력을 표출되는 지입니다. 물론, 시대가 점점 복잡해지고 모든 것이 매우 빠른 속도로 변하고 있으니 한 개인이 겪는 압박감이 이전 시대보다 비교하기 어려울 만큼 커지고 있는 것도 사실입니다. 특히 좁은 땅덩어리에 한정된 재화를 가진 한국에서 치열한 경쟁은 피할 수 없는 상황입니다. 그렇다고 해서 사회 문제가 심각하니, 경쟁을 줄이고 경쟁을 규제하는 것 역시 불가능합니다. 최근 전 세계 동향을 보시면 알 수 있듯이, 그 어느 때보다 치열하게 경쟁이 일어나고 있습니다. 자원, 기술, 주도권 등 자국 이익을 위해서 무엇이든 뺏고 뺏기는 약육강식의 세계가 바로 우리가 현재 사는 시대입니다. 1등도 힘들고 2등도 힘들며 꼴등도 힘든 이 시대. 이긴 사람이든 진 사람이든 모든 사람을 관리해 주는 시스템이 과연 존재할까요.

정확히 말하면, 예전에 한국에는 그런 시스템이 있었습니다. 바로 가족을 비롯한 공동체가 그것입니다. 가족의 울타리 안에서 한 개인은 위로받고 안정을 누렸으며, 가족 너머 골목길로 묶이는 마을 공동체가 있었습니다. 공동체 내에서 문제를 일으키면 공동체 자체 내에서 자정작용을 거쳐 문제를 해결했습니다. 결속력이 강할수록 공동체 내 규범을 지키려는 의식도 강하게 작용했습니다. 그러나 산업화, 도시화가 진행되면서 한 지역에 정착하지 못하고 이곳저곳 떠돌다 보니 공동체에 소속하기 어렵고 가족의 구성 형태도 점차 축소되어 결국 1인 가구에 이르게 되었습니다. 사정이 이러하니, 공동체 내에서 지켜졌던 상식선의 윤리도 사라졌고, 공동체가 없으니 외부로부터 단절된 채 인간관계 자체를 어려워하는 지경에 이르렀습니다.

그리고 서울 중심의 한국 시스템이 이에 한몫하고 있습니다. 지방의 부모들은 어떻게든 자녀를 서울의 대학교, 서울의 직장으로 보내려고 합니다. 그렇게 부모와 떨어진 채로 청년세대는 대학교와 직장에 따라 원룸에서 원룸으로 이사를 합니다. 자주 이사를 하니 당연히 공동체에 속하기 어렵습니다. 직장을 얻고 결혼을 한들, 터무니없이 높은 집값에 서울이 아닌 경기도 외곽으로 조금씩 밀려가고 있습니다. 한 지역에 오래 있을 수 없고, 몇 년에 한 번씩 직장도 옮기고 이사도 다니니 교류할 친구를 만들기도 어렵습니다. 엘리베이터에 마주치는 옆집 사람에게도 인사하지 않습니다. 어차피 또 다른 곳으로 이사 갈 것이니까요. 바로 이런 나라가 한국입니다.

그러나 제가 세계은행 시절 경험했던 여러 나라에서는 공동체가 생생히 살아 있었습니다. 한국을 비롯한 동양과 달리 개인주의가 무척 강한 유럽과 미국이 대표적인데, 어떻게 개인주의와 공동체가 양립할 수 있을지, 저는 궁금했습니다. 곰곰이 생각해보니, 일단 선진국의 개인들은 이사를 자주 하지 않습니다. 그만큼 주거가 안정되었다는 뜻이겠죠. 더욱이 커뮤니티(공동체) 내에서의 유대감은 매우 끈끈합니다. 운동이나 취미를 토대로 한 클럽이 매우 활성화된 유럽 같은 경우, 국가의 전폭적인 지원을 부러워하기도 했습니다. 하지만 이들 나라 커뮤니티에서는 한 가지 불문율이 있습니다. 바로 상대방의 사생활과 인격은 최대한 존중한다는 것. 처음 만났을 때, 한국처럼 '호구조사'를 하지 않습니다. 꼰대처럼 충고도 하지 않습니다. 그저 커뮤니티 안에서 행복하고 즐겁기만 하면 됩니다.

그러니까 한국은 지금, 공동체 내에서 잘 관리되는 개인주의가 아니라, 공동체 없는 이기주의로 향하고 있는 것입니다. 공동체를 오히려 거추장스럽게 여기며, 무관심과 단절 때문에 개인은 점차 자신이 살아가야 하는 이유를 잃고 있습니다.

묻지마 범죄를 심리학과 정신과학 측면에서는 자살의 일종으로 보기도 합니다. '죽음에 이르는 병'인 절망(쇠렌 키르케고르)에 빠져 더는 살기를 포기하고 사회적 죽음 선고가 내려진 상태에서 신체적 죽음에 이르려는 것이죠. 더욱이 '나만 죽지 않겠다'고 결심하고 나와 상관없는 사람까지 해치게 되면서 결국, 사회를 절망에 빠뜨리는 것이 바로 묻지마 범죄입니다.

그렇다면 이와 같은 상황에서 어떻게든 공동체라도 활성화하면 상태가 조금은 나아질 것 같기도 한데, 국가가 적극적으로 개입해서 공동체를 활성화할 수 있을까요. 결론부터 말씀드리면, 불가능합니다. 공동체는 의식과 문화의 문제이지, 정치와 행정의 영역이 아닙니다. 다만 국가가 할 수 있는 것은 공동체를 지원하거나 문화 행사를 보조하는 예산이나 조금 늘릴 수 있을 뿐입니다.

따라서 최근 한국에서 묻지마 범죄가 급증했다는 것은, 절망에 빠진 국민이 점차 많아지고 있다는 뜻입니다. 그리고 그렇게 절망에 빠진 국민이 많아질수록 한국이라는 나라 역시 절망에 빠질 것입니다.

한국의 교육정책은 왜 실패하고 있는가

 교육정책이 1년마다, 정권이 바뀔 때마다 우리가 늘 듣는 말이 있습니다. 바로 '교육은 백년지대계'라는 말입니다. 물론, 교육이 빠르게 변하는 시대에 걸맞게 변해야 하는 것도 틀린 말은 아닙니다. 그러나 교육은 한 사람의 인생 전체를 좌지우지하는 일이며, 나라의 운명을 결정하는 일이니, 무척이나 신중해야 합니다.

 '백년지대계'라는 말은 중국 제나라 재상 관중이 썼다고 알려진 〈관자〉에서 온 말인데, 이 말을 숙고해 보면 우리의 교육정책이 왜 실패하고 있는지 알 수 있습니다. "1년의 계획은 곡식을 심는 것만 한 것이 없고, 10년의 계획은 나무를 심는 것만 한 것이 없으며, 일생의 계획은 사람을 키우는 것보다 더한 것이 없다(一年之計莫如樹穀 十年之計

莫如樹木 終身之計莫如樹人).” 곡식을 1년 단위로 심고 거두는 것이고, 나무는 10년 단위로 심고 거두는 것이지만, 사람은 평생에 걸쳐 심고 거두는 일입니다. 따라서 교육은 1년도, 10년도 아니고 한 사람의 요람에서 무덤까지 함께 하는 일입니다.

그러나 한국의 교육은 평생의 교육을 초등 6년, 중등 3년, 고등 3년으로 압축해서 끝내버립니다. 여기서 제가 대학교 교육을 제외한 이유는 간단합니다. 현재 한국의 대학교는 '학문의 금자탑'이 아닌 '취업사관학교'로 변질한 지 꽤 되었기 때문입니다. 대학교에서 인생 살아가는 법이나 인격 완성하는 법 등을 배우지 않습니다. 그리고 이때의 압축 교육은 한 가지 목적으로 향합니다. 한 사람의 인격적 완성이 아닌, 한 사람의 사회적 성공을 향합니다. 쉽게 말해 대기업에 취직하거나 의사나 변호사 등의 '전문직 자격증'을 따는 것을 최종 목표로 합니다. 그러다 보니, 성적이 매우 우수한 소수를 위해 압도적인 다수가 들러리를 서고 있는 것이 바로 한국 교육 현장입니다.

일생의 계획은 사람을 키우는 것보다 더한 것이 없다는 '종신지계막여수인(終身之計莫如樹人)'의 교육은 한 사람이 이 세상을 온전히 살아갈 수 있도록 하는 것입니다. 그러나 한국은 한 학생이 지니고 있는 특성과 소질, 잠재력을 최대한 발현될 수 있도록 학습 조건과 기회를 주는 것(평등성 교육)이 아니라, 우월한 능력을 갖춘 학생의 능력을 더욱더 개발하려는 '수월성 교육'으로 아이들을 밀어 넣습니다. 여기서 한국의 수월성은 쉽게 말해 높은 점수를 뜻합니다. 따라서 현재 한국은 한 학생이 어떤 소질과 능력이 있는지 신경 쓰지 않고 무조건 성적 향상을 위한 교육을 하고 있습니다. 그 학생이 어떤 것을 잘하는지, 어떤 것을 좋아하는지는 중요하지 않고, 그 학생이 어떤 대학교에 가고 어떤 직장에 입사하느냐가 중요한 것입니다.

물론, 좋은 대학교, 좋은 직장에 가고 싶은 욕망 자체를 부정할 수는 없습니다. 더 나은 곳을 향하는 욕망 자체가 바로 한 사회 발전의 원동력이기 때문에 매우 중요합니다. 더욱이 요즘같이 불안한 시대에서 안정적인 직장을 얻는 것은 그 무엇보다 중요한 일이기도 합니다. 그러나 이런 욕망과 올바른 교육을 향한 걱정 사이의 간극은 조금씩 좁혀가야 합니다.

여기서 우리가 제일 우려하는 것은 바로 부모의 소득 능력에 따라 교육의 기회가 차등 제공된다는 점입니다. 쉽게 말해 금수저를 물고 태어난 학생은 최고의 면학 분

위기를 가진 도시에서 값비싼 학원에 다니고 과외를 받으며 우수한 성적을 받을 기회를 받지만, 흙수저를 물고 태어난 학생은 당장 집안 생계 걱정하기도 바쁩니다. 다시 말해 지금 한국의 교육은 부모의 경제력에 근거하여 철저한 필연성으로 이뤄지는 시스템입니다. 학생의 학습능력과 별개로, 부모의 소득 수준이 높으면 좋은 대학교에 갈 가능성이 점점 높아지고, 부모의 소득 수준이 낮으면 좋은 대학교에 가지 못할 가능성이 점점 높아지고 있다는 말이죠.

그런데 제 학창 시절을 떠올려 보면 가끔 우연히 시험을 잘 봐서 정말 운 좋게 좋은 대학교나 유학을 가는 친구들이 종종 있었습니다. 취업도 마찬가지. 대학교와 상관없이 좋은 곳에 취업하는 친구들도 많았습니다. 시쳇말로 하면 '운빨'이 좋은 친구들이 예전에는 꽤 있었습니다. 저도 그중에 한 명이라고 할 수 있겠습니다.

그러나 지금 한국 사회에서는 그러한 '운빨'이 존재하지 않습니다. 우연성이 아예 존재하지 않는, 필연성으로 가득한 세계가 바로 한국 사회입니다. 부모라는 외생변수가 대학교 입학의 필연으로 이어지는 구조. 과연 올바른 사회 구조라고 할 수 있을까요?

정권이 바뀔 때마다 교육정책 역시 함께 바뀌는 것이 가장 큰 문제 중 하나입니다. 교육은 '백년지대계'의 일이니 보다 신중해야 하고, 더 장기적인 안목에서 정책을 구성하고 시행해야 하며 철저히 확인해야 합니다. 물론 시대의 변화가 요즘 같이 빠른 때에는 시의적절한 정책 변화 혹은 수정이 필요하지만, 교육의 '근본'이 흔들리는 것은 반드시 경계해야 합니다. 이때 말하는 교육의 '근본'은 바로 사회적 합의에 따른 것이자, 시대정신이어야 합니다. 몇몇 정책에 근거한, 보수 혹은 진보 진영에 의해 휘둘리는 것은 교육의 '근본'이 아닙니다.

따라서 우리는 교육의 '근본'이 무엇인지, 무엇이어야 하는지 치열하게 논의해야 하고 고심해야 합니다. 교육은 단순히 대학교 입시 정책의 문제로 좌지우지되는 것이 아닙니다. 개천에서 용이 날 수 없는 현 사회 구조에서 계층 이동의 사다리를 걷어차는 일도 조심해야 하지만, 그렇다고 해서 교육 기회를 조건 없이 평등하게 배분하는 것도 조심해야 합니다.

이제 우리는 교육의 근본이 무엇인지, 앞으로 한국인으로서, 세계시민으로서 살아가기 위해 '어떤' 교육을 '어떻게' 받아야 하는지 국가를 비롯해 정치인, 그리고 모든 국민이 머리를 맞대고 고민해야 합니다. 한 사람을 길러내는 중차대한 일이기 때문입니다.

한국의 교육은 '전문직 자격증'을 따는 교육이어서는 안 됩니다. 그렇다면 한국의 교육은 무엇을 위한 교육이어야 할까요. "인간이 삶을 영위하는 데 필요한 모든 행위를 가르치고 배우는 과정이며 수단"이라는 교육의 사전적 정의처럼 삶을 영위하기 위해 우리는 무엇을 배우고, 가르쳐야 할까요. 섣부른 답변 역시 경계해야 합니다. 쉽게 나올 수 있는 답이 아닙니다. 우리는 지금까지 그토록 어려운 문제를 너무 쉽게 생각했습니다.

한국의 교육은, 질문부터 다시 시작해야 합니다. 좋은 질문에서 한 사람을 올바로 키워내는 일이 시작될 것입니다. 제대로 된 질문이 교육정책입니다.

한국에는 왜 이렇게 자영업자가 많은가

2023년 11월 기준(8월 통계) 6,724,000명, 전체 취업자 중 23.4%를 차지하는 직종이 하나 있습니다. 바로 '나홀로 사장'인 자영업자(비임금근로자)입니다. 연평균 영업이익이 2,000만 원이 되지 않습니다. 그러나 우리는 이런 자영업자를 '사장님(self employed)'이라고 부릅니다. '노동자(employee)'가 아닙니다.

그런데 한국은 최저임금을 최근 매우 빠른 속도와 증가 폭으로 올렸습니다. 최저임금이 올라야 소비가 늘고 내수경제가 활성화할 것이라는 믿음이 있으니까요. 오래전에 제기된 '소득주도성장론'이 그렇습니다. 그러나 안타깝게도 최저임금이 오를수록 우리는 지갑을 닫고 있습니다. '런치플레이션(lunch+inflation)'이 일상이 되면서 식당이 아닌, 저렴한 편의점 도시락이 날개 돋친 듯 팔리고 있습니다. 구내식당 '오픈런'은 기본이며, 도시락 싸들고 다니는 직장인도 많아졌습니다.

한국은 특이하게도 최저임금이 '표준임금'이 되어버렸습니다. 저는 세계 어디서든 이렇게 최저임금에 목숨 거는 나라를 본 적이 없습니다. 어쨌든 한국에서는 최저임금 이하로 인건비를 지급하면 법적으로 책임을 져야 합니다. 근로기준법 위반입니다. 그러나 이러한 최저임금이 상승할수록 우리의 사장님은 매우 힘들어집니다. '아프니까 사장이다'라는 자영업자 커뮤니티 이름처럼 말입니다.

여기서 저는 한 가지 의문을 제기합니다. 그렇다면, 사장님의 임금은 누가 책임지지 하는 문제 말입니다. 사장님도 무척 '빡세게' 일하는데 월급은 누가 줄까요? 상가임대료 떼고, 관리비 떼고, 재료비 떼고, 알바 인건비 떼고, 세금 떼고 남는 돈을 다 가져가면 되니, 자본가 아닌가요? 문제는 이렇게 떼고 남은 돈이 최저시급도 안 된다는 데 있습니다.

물론, 저는 자영업자 비율이 너무 높은 한국의 산업구조 문제는 논외로 하겠습니다. 다만 제가 심각하게 의문을 제기하는 것은 대부분 자영업자가 최저시급 수준이 되지 않는 소득을 벌고 있는데, 왜 이들을 노동자로 분류하지 않고 최저시급을 계산하는 지입니다. 특정한 곳에 고용되어 4대 보험 의무가입을 해주는 사람만 노동자인가요? 저는 자영업자도 노동자로 분류하여 최저시급을 산정할 때 함께 논의해야 한다고 생각합니다. 그래야 한국의 적정한 표준임금을 책정할 수 있습니다. 노동조합운동이 오래된 유럽처럼 노동조합총연맹이 기업과 임금을 같이 정하고 산업별로 다르게 적용하는 것처럼 말입니다. 그런데 한국은 산업별 특성이 다 다른데 무조건 최저시급으로 일괄 적용한다니, 가끔은 무섭다는 생각이 듭니다.

한 사회의 시스템을 알맞게 유지하려면 소득과 소비의 상관관계를 명확히 진단해야 합니다. 그러나 몇몇 진보계열의 정치인들은 무조건 최저시급 인상을 주장합니다. 노동자의 처우를 개선해야 한다는 목적에서 그렇습니다. 반면에, 기업체에서는 최저시급 인상을 매우 반대합니다. 가뜩이나 영업이익이 안 나오는데 인건비까지 올리다니요. 그래서 쉽게 노동자를 선(善)으로, 기업을 악(惡)으로 규정하여 최저시급을 계속 올리려고 합니다. 마치 최저임금을 국가의 복지정책이나 경제정책으로 여깁니다. 그러나 정확히 말해 최저임금은 시장 경제의 규칙(rule)입니다. 수요 공급 곡선에 따라 적정 수준의 임금이 정해지는 것입니다.

　임금이 소득을 만드는 것이 아니라 생산성이 소득을 만드는 것입니다. 즉 생산성과 소득이 증가하여 고용률이 올라갈 때 임금은 자동으로 올라가는 것입니다. 우리는 현재까지 거꾸로 하고 있었습니다. 임금을 올려서 생산성을 떨어뜨리고 소득도 떨어뜨리며 고용률까지 떨어뜨리고 있습니다. 정부가 억지로 멱살 잡고 임금을 올리고 있으니, 생산성과 소득이 오를 리가 없습니다.

　물론 정부는 고용주가 피고용주를 착취하는 것은 막아야 하고, 소득불평등 문제 또한 해결해야 하지만, 여기서 우리가 간과하고 있는 것이 있습니다. 전체 취업자 중 23.4%의 자영업자라는 점을요. 자영업자들의 '임금'이 올라가기 전에는 최저시급을 올려서는 안 됩니다. 최저시급이 올라갈수록 자영업자들의 '임금'은 떨어집니다. 그렇다면 자영업자들은 생존하기 위해 다음의 두 가지 중 한 가지를 선택해야 합니다. 폐업하거나, 가격을 올리거나. 우리가 계속 지갑을 닫는 이유가 바로 여기에 있습니다.

한국에는 왜 의사가 되고 싶은 사람이 많은가

　한국 제일 학원가인 대치동에 최근 '초등 의대 준비반'이 생겼습니다. 의대에 가려면 초등학생 때부터 선행학습을 해야 한다는 것입니다. 지나친 감이 없지 않아 있으나, 의대 가는 것을 대입 피라미드의 가장 상층임을 증명하고 있습니다. 최근 지인으로부터 이런 말을 들었습니다. 연고대 학생은 서울대 학생을 부러워하고, 서울대 학생은 의대 간 학생을 부러워한다고 말입니다. 그런데 의대도 피라미드가 있다고 합니다. '의치한약수'. '의과대학-치과대학-한의과대학-약학대학-수의과대학'의 순서로 선호한다고 말이죠. 씁쓸한 한국의 단면이 아닐 수 없습니다.

　물론, 의사란 직업이 결코, 나쁜 직업은 아닙니다. 생명을 살리는 무척 존귀한 직업입니다. 의사가 되고 싶어

하는 사람을 욕할 수도 없습니다. 다만, 모두가 의사가 되려는 것은 문제입니다. 분명, 학생 각자가 좋아하는 일, 하고 싶은 일이 있을 텐데 어떻게 그렇게 많은 학생이 의사가 되고 싶어하는지 안타깝기만 합니다. 저도 잘 알고 있습니다. 한국 사회가 그만큼 불안정하니, 그 가운데 가장 안정적이고 고소득이 보장되는 직업을 선호할 수밖에 없는데, 그 중 가장 '하이클라스'가 바로 의사라는 점을요.

제가 대학생 때, 반수를 해서 의대에 들어간 친구를 만난 적이 있습니다. 아무래도 수련의 과정이 무척 고단하고 공부할 것도 많으니 힘들지 않느냐고 안부를 물었습니다. 그러나 그 친구의 대답은 의외였습니다. 고3처럼 암기만 하면 되니까 너무 편하다는 것이었습니다. 그러니까 어쩌면 의사라는 직업은 천재보다는 잘 외울 수 있고, 기계적으로 수술을 반복할 수 있는 그런 사람에게 제격일지도 모릅니다.

그러나 한국에서는 입시 성적이 제일 높은 3,058명(2023년 의대 정원)이 의대에 갑니다. 입시 성적이 그 학생의 천재성을 오로지 반영하는 것은 아니지만, 입시 성적이 높은 천재가 물리학과도 하고 기계공학과도 가고 국문과도 가서 수준 높은 연구를 해야 학문이 발전하고 나라가 발전하지 않을까요. 그러나 한국의 입시생은 잘 알고 있습니다. 의대가 아닌 그런 과를 졸업하면 평생 불안정한 삶을 살아야 한다는 것을요. 이는 앞서 언급한 취업난과 정규직 문제와 맞닿아 있습니다.

최근 정부가 '지역, 필수의료 혁신 전략'을 통해 의대 정원 확대 방침을 공식적으로 발표했습니다. 1,000명 가까이 의대 정원을 늘릴 것이라는 시각도 있습니다. 당연히 의사 단체 쪽에서는 정원 확대를 반대하고 있지만, 의사 인력이 더 필요하다는 공감대가 많이 형성된 상황이라 의대 정원 확대는 그대로 진행될 듯합니다. 그런데 아이러니하게도 의대 정원 확대가 의대 입학 절호의 기회라고 보는 시각도 있습니다. 입학 정원이 늘어나니까요. 하이 클라스가 될 확률이 높아졌습니다.

저는 여기서 또 몇 가지 '발칙한' 상상을 해봅니다. 과연 한국의 현실에서 이뤄질지 장담하기 어렵지만, 이 또한 심사숙고해야 할 문제가 아닐까 합니다.

가장 먼저, 의대 정원을 확대하되, 의대에 가서 의사만 하지 말고 더 다양한 일을 할 수 있게 해야 합니다. 외국처럼 의대 나와서 MBA도 가고, 생명공학박사로 학문을 연구하기도 하고, 의료기기 개발도 하고, 혁신의학도 설계하고, 의료서비스 전반을 기획하기도 하고, 벤처사업도 하고, 원격진료 연구도 하고, AI 의사 프로그램도 설계하고 등등 의사가 아니어도 할 일이 엄청나게 많습니다. 문제는 이런 직업이 의사처럼 고소득이 보장된 안정적인 직업이 아닐 수도 있겠으나, 의대 정원이 계속 확대되면 결국 의사 직업 역시 안정적이고 고수입이 되지 않을 것입니다. 병원들이 서로 경쟁해야 하니까요. 의사도 망할 수 있습니다! 이에 따라 의대생이 의사가 아닌 다른 직업, 직종으로 눈을 돌리게 해야 합니다.

다음으로, 네덜란드 의대생 추첨제처럼 혁신적인 의대생 선발 방식이 필요합니다. 네덜란드는 다양한 사회경제적 배경을 가진 의대생을 뽑기 위해 의대생의 30~50%를 추첨으로 선발합니다. 한국도 지방 출신, 소위 서민 출신 의사를 뽑아 수도권이 아닌 지역에서 의료 서비스를 제공하고, 서민을 먼저 생각하는 의사를 길러내야 합니다. 이런 제안에 아마 의사들은 성적이 한참 모자란 의사를 뽑아서 의료의 질이 떨어지면 환자가 손해라고 말할 것입니다. 그러나 3,058등 안에 든 학생이 꼭 의료의 질을 높이는 것도 아닙니다. 실제로 네이처가 선정한 전 세계 의학을 선도하는 100대 병원 중 한국의 병원은 한 곳도 없지만, 네덜란드 8곳의 병원이 포함돼 있습니다. 앞서 언급했듯이 어쩌면 의사는 암기력 좋고 기계적 반복을 잘하는 사람이 하는 것이 더 적합할지도 모릅니다. 이렇게 의대에 입학하는 것이 실력이 아니라 운이라는 사회적 인식이 형성된다면, 의대만 우러러보지 않고 다른 직업도 무시하지 않게 되지 않을까요.

따라서 최근 야기된 '의대 쏠림 현상'을 해결하려면, '의사자격증을 한번 따면, 평생 고소득의 안정적인 삶을 살게 된다'는 의식을 산산조각내야 합니다. 의사도 다른 직업처럼 운이 좋아서 됐을 뿐입니다. 누군가는 환자를 돌봐야 하고 누군가는 택배를 배달해야 하며 누군가는 쓰레기를 치워야 합니다. 모두가 각자의 개성으로 각자의 자리에서 인정받는 그런 한국을 기대해 봅니다.

제3부 한국 정치에게 질문하다

정치란 업의 본질은 무엇인가

정치가 무엇인지, 어떤 정치가 좋은 정치, 옳은 정치인지를 논하는 일은 '백가쟁명(百家爭鳴)'에 가까울 것입니다. 마찬가지로 정치인은 어떠해야 하는지, 어떤 능력을 갖춰야 하는지 말하기 역시 쉽지 않을 것입니다. 나라와 국민을 다스리는 일이 그만큼 다양하고 또한 쉽지 않기 때문입니다.

그럼에도 불구하고, 우리는 늘 정치를 재정의해야 하고 정치인의 자세를 다시 생각해야 합니다. 초심을 잃는 것도 문제지만, 시대의 변화에 따라 정치의 패러다임 또한 바뀌기 때문입니다. 이에 따라 저는 오래전부터 정치를 다음과 같이 정의해왔습니다.

제가 생각하기에 정치는, 정치의 본질은 '국민의 부엌(kitchen)을 따뜻하게 만들어주는 것'입니다. 부엌이 없으면 호텔이지만 부엌이 있으면 집입니다. 즉, 가족이 모여 있는 곳, 아무리 바빠도 일주일에 한 번 이상 가족이 둘러앉은 식탁을 따뜻하게 만들어주는 일이 바로 정치입니다. 다시 말해, 가족 구성원 모두의 삶을 지키고 의식주를 보장하면서 동시에 따뜻해지게 하는 일이 정치인 것입니다. 물론, 부엌이 따뜻해지려면 정치가 어떠해야 하는지 말하지 않아도 다 잘 알 것입니다.

요즘 저는 한국 정치를 바라보며 '기능으로서의 정치'가 사라졌다고 생각합니다. 사회 구성원 간의 대립과 갈등을 조정하고 합의를 이뤄가는 일이 바로 정치의 기능인데, 오히려 한국 정치가 갈등을 조장하고 합의를 저해합니다. 다양한 이해관계가 얽혀 있는 현대사회에서 갈등은 늘 존재할 수밖에 없습니다. 모두의 자유가 보장되어 있으니까요. 갈등이 아예 없는 것도 참 무서운 사회일 것입니다. 이를테면 북한의 체제가 그렇고, 막강한 통치자가 있는 나라도 생각해볼 수 있겠죠.

그러나 없는 갈등도 만들어낸다면 그것은 '나쁜 갈등'일 것입니다. 소위 '갈라치기'가 한국 정치에 횡행하고 있는데, 자기 진영이 아닌 상대 진영을 무조건 배제하고 악마화하는 일이 한국 정치의 '기본값'이 되었습니다. 정치 세력은 자기 진영을 결집하고 득세하기 위해 노골적으로 적(타자)을 상정해 두고, 좌표를 찍습니다. 다시 말해 부엌과 식탁을 따뜻하게 만들어야 하는 게 정치인데, 식탁에서 가족끼리 싸우게 하고 감정 상하게 하는 정치가 되어버렸습니다. 예를 들어, 명절날 가족과 친지들을 오랜만에 만났지만, 반드시 대화 주제로 삼지 말아야 할 주제 중 하나가 바로 '정치'입니다. 지인과 식사나 술자리에서도 꼭 피해야 할 대화 주제 역시 '정치'입니다. 그만큼 정치가 한국의 모든 것을 갈라놓았습니다. 정치가 갈등을 조정하는 일을 하지 않고 갈등의 불씨가 된 것이죠. 더욱이 여당과 야당이 제대로 합의한 것을 보여준 적도 별로 없으니, 정치는 합의가 아니라 꼼수이자 힘의 논리로 찍어누르는 일이 되어버렸습니다.

그렇다고 해서, 섣부른 반성 또한 저는 경계합니다. 특히 총선과 대선 앞두고 국민께 잘못했으니 한 번만 봐달라고 읍소하는 것은 정말 우매한 짓입니다. 한 번 속지 두 번 속을까요. 국민은 이제 속지 않습니다. 읍소할 시간에 사회 현안에 대해 한 번이라도 더 고민하고 협상해야 합니다.

정치인들은 '늘' 급할 때면 국민 눈높이에 맞춰 낮아지겠다고 말을 합니다. 그러나 이 말은 틀렸습니다. 이미 국민은 정치인을, 한국 정치를 압도합니다. 눈 가리고 아웅 하는 정치는 이제, 그만! 이제 정치인은 국민 눈높이에 맞춰 높아지겠다고 말해야 합니다.

정치는 부엌입니다. 모든 가족이 식탁에 둘러앉아 따뜻한 음식 앞에서 기쁨을 나누는 그런 날을 꿈꿔봅니다.

민주공화국이란 무엇인가

 탄핵정국을 지나면서 한국 국민 대부분 헌법 제1조가 무엇인지 알게 되었습니다. '대한민국은 민주공화국이다.' 광화문 광장에서 노래로도 불린 헌법 제1조. 왜 헌법 제1조를 되새기게 되었을까요. 21세기 현재, 대한민국이 민주공화국이 아니었기 때문입니다. 그러나 1919년 4월 1일 의결한 대한민국 임시헌장에도 이미 명시되어 있습니다. '대한민국은 민주공화제로 한다.' 8.15해방 이후 1948년 7월 17일 '대한민국은 민주공화국이다'라는 임시헌장을 그대로 계승한 대한민국 헌법이 제정됩니다. 대한민국이라는 나라의 근간을 한 문장으로 요약한 것이며, 1919년부터 시작된 것이고 현재까지 단 한 번도 바뀐 적이 없는 문장입니다.

그렇다면, 현재 대한민국은 왜 민주공화국이 아닐까요. 좀 더 질문해보겠습니다. 왜 임시정부는 민주주의 혹은 공화국이라는 단어 중 하나만 쓰지 않고 동시에 썼을까요. 국운이 풍전등화같이 위태로울 때 그들은 어떤 생각으로 민주공화국이라는 단어를 썼을까요. 일단 단수의 주권자가 있는 왕정(군주제)과 독재국가가 아닌, 복수의 주권자가 있는 공화국을 지향하고자 했을 겁니다. 그리고 민주적으로 모든 국민이 나라를 다스리고 함께 나라를 만들어가는 공화국을 만들고자 다짐했을 겁니다.

미국의 벤저민 프랭클린은 민주주의에 대해 다음과 같이 말했습니다. "민주주의란 두 마리의 늑대와 한 마리의 양이 점심으로 무엇을 먹을지 결정하기 위해 투표하는 것이다(A democracy is two wolves and a lamb voting on what to have for lunch)." 험난한 투표가 예상됩니다. 투표에 앞서 두 마리의 늑대가 양을 바로 잡아먹어도 됩니다. 어려운 일도 아니죠. 과연 늑대는 양의 말을 들어줄까요. 그리고 우리는 과연 양을 지켜낼 수 있을까요.

여기서 민주주의 모순이 발생합니다. 민주주의는 자유와 평등을 기본 원리로 하지만, 다수에 의한 지배를 원칙으로 하는 민주주의는 소수에 대한 폭력 또한 가능하기 때문입니다. 투표 결과, 두 마리의 늑대가 양을 먹기로 결정했다면, 양은 어쩔 수 없이 잡아먹혀야 하는 것이 바로 민주주의입니다.

이때 '민주주의'를 보완하는 것이 바로 '공화주의'입니다. 민주주의가 '어쩔 수 없이' 소수의견을 묵살하며 다수에 의한 정치를 지향한다면, 공화주의는 이 '어쩔 수 없음'을 문제 삼는 정치입니다. 두 마리의 늑대가 양을 잡아 먹기로 투표 결과가 나왔더라도, 양은 늑대와 협상할 수 있고 이 투표의 부당함을 피력할 수 있습니다. 양 한 마리 더 데려와서 같은 조건(2:2)의 투표를 하자고 문제를 제기할 수 있습니다. 그래도 동표가 나오면, 외부 심판을 요청해 판결해달라고 말할 수도 있습니다. 이게 바로 공화주의입니다.

현재 한국은 민주주의가 공화주의를 월권하고 있습니다. 다수결을 앞세워 소수의견을 철저히 짓밟고 있습니다. 168마리의 늑대 또는 111마리의 늑대가 몇 마리의 양을 앞에 두고 투표를 하고 있습니다. 과연 양은 무사히 살아갈 수 있을까요?

보수란 무엇인가

제가 한국을 돌아와 한국의 정치를 한창 고민할 때였습니다. 사람들은 제게 보수인지 진보인지 정체성을 캐묻기 시작했습니다. 한국에 문제를 풀러 왔는데 대한민국 국민이면 되는 것 아닌가요. 저는 세계은행에서 일하면서 진보와 보수의 문제로 협상에 난항을 겪지 않았습니다. 협상은 보수나 진보 따위는 염두에 두지 않고, 무척이나 현실적이기 때문입니다. 정치도 마찬가지라고 생각합니다.

저는 여전히, 아침에 일어날 때는 진보, 밤에 잘 때는 보수입니다. '젊었을 때 진보가 아니면 가슴이 없는 것이고, 나이가 들었을 때 진보를 외치는 것은 머리가 없는 것이다'는 말도 기억납니다만, 둘 다 필요하다는 것에는 대부분 동의할 것입니다. 제 나름대로 쉽게 정의하자면, 보수는 질서 있는 변화를 꿈꾸는 것이고, 진보는 현재의 어려움을 견딜 수 있는 꿈을 꾸는 것으로 생각합니다. 둘 다 오늘을 관리하고 내일을 준비하는 것에는 이견이 없어 보입니다.

여기서 가장 큰 문제는 진보와 보수가 양극단에 치닫고 있으면서 서로 적으로 본다는 점입니다. 이를테면, 자유라는 가치를 보수가 먼저 '찜'하니, 진보는 서둘러 평등이라는 가치를 '찜'합니다. 그리고 국민에게 두 개의 알약을 내밉니다. 자유라는 알약과 평등이라는 알약 중 하나를 골라야 한다고 말이죠. 둘 다 고를 수 없고, 아무것도 고르지 않아도 안 되는 것처럼 말입니다.

그러나 평등이라는 가치는 진보가 '찜'한 것이 아니라, 한국 근대사에서 발명되고 발견된 개념입니다. 주지하듯이, 한국은 일제 강점 이전까지 왕정 사회였습니다. 그러나 임시정부를 계승한 해방 직후 초기 정부는 민주공화정을 표방하면서 대대적인 토지개혁을 시작합니다. 제가 세계은행을 다니면서 이렇게 토지개혁을 성공한 예를 찾아본 적이 없습니다. 한국이 가능했던 이유는 간단합니다. 해방 후 한국은 유상몰수와 유상분배를 시행했는데, 중국의 모택동과 북한의 김일성이 무상몰수하여 무상분배하는 것을 보고, 곧 유상몰수와 유상분배가 사라질 것이라는 위기감에 앞다투어 지주들이 땅을 팔았습니다. 한 푼이라도 건져야 하니까요. 그리고 농민들에게는 3~5년에 걸쳐 땅값을 유예해줍니다. 농민들이 3년, 5년 뒤에 갚을 능력이 없었어도 유야무야 땅을 갖게 되었습니다. 이렇게 재산의 차이, 신분의 차이가 사라지게 됩니다. 쉽게 말해 해방 후 한국 사람은 모두 똑같은 출발점에서 시작하게 된 것이죠. 더욱이 노력하면 누구든 다 잘살 수 있다는 '새마을운동'까지 경험하면서 강력한 평등의식이 현재까지 이어진 것입니다.

하지만, 현재는 이와 다릅니다. 출발점이 같았던 시대를 경험했던 기성세대에 비해 지금 젊은 세대는 동일 선상에서 출발하지 못합니다. '금수저계급론'이 엄연하게 존재하는 현실에서 평등은 과연 유지 가능한 개념일까요. 예컨대, 한국은 길 하나 차이로 부자 동네 혹은 서민 동네로 나뉩니다. 그렇게 남이 잘사는 것과 못 사는 것을 쉽게 볼 수 있는 한국 땅에서 경쟁은 필수 불가결합니다. 호시탐탐 누가 내 것을 빼앗아갈지도 모르지만, 나 역시 누군가의 것을 빼앗아야 살 수 있습니다. 그러나 미국의 억만장자들은 빈민층이 어디 사는지도 모르고, 본 적도 없다고 합니다. 그만큼 한국은 경쟁 없이 살 수 없는 곳입니다. 인정할 것은 인정해야 합니다.

경쟁을 어쩔 수 없이 인정해야 하는 것이 현 시대입니다. 그래서 보수가 필요합니다! 보수는 질서 있는 변화이며 현실 세계의 욕망을 인정합니다. 당연히 진보의 혁신도 받아들입니다. 다만 혁신에 따른 부작용을 다스리거나 부작용을 예측하는 것이 보수입니다. 즉, 진보가 너무 앞서가면 보수가 이를 조절하는 역할을 합니다. 반면에 보수가 너무 머물러 있으면 진보가 보수를 끌어당깁니다. 상보(相補)적인 역할을 서로 주고받는 것이 보수와 진보입니다. 문제는 보수가 기존의 사회 질서를 아무런 변화 없이 유지하거나 과거로 회귀하려는 '수구(守舊)'가 되는 것이 가장 큰 문제입니다.

여기서 보수와 진보는 각자 고해성사할 것이 하나 있습니다. 보수는 원래 기업과 개인의 자율성을 훼손하지 않았습니다. 시장주도 경제정책을 앞세워 '경제개발 5개년 계획'을 진행했습니다. 그 결과 비약적인 경제성장을 이뤘지만, 어느 순간부터 정부가 기업에 특혜를 주기 시작했고, 시장 질서에 직접 개입하기 시작했습니다. 반면에 진보는 군사독재와 권력에 저항하면서 지금에 이르렀습니다. 그러나 현재 진보는 오히려 정부지출을 확대하고 '큰 정부'를 표방합니다. 그리고 그 큰 정부의 운영 주체가 직접 되려고 합니다. 보수와 진보 모두 전환점에 있습니다만, 늘 강조하는 이념은 한결같이 자유 아니면 평등입니다. 이제 이 두 알약이 가짜임을, 아무것도 아님을 국민이 '아주 잘' 알고 있습니다.

이제 보수의 재구성, 진보의 재구성이 일어나야 합니다. 진보적 의제를 보수적으로 해석하거나, 보수적 의제를 진보적으로 해석해야 합니다. 문제는 인정하되, 조정하고 합의해야 합니다. 지난 17년간 세계은행에 있으면서 제가 제일 많이 한 일이 협상입니다. 협상에 자신 있습니다!

저는 앞으로 진보적 의제를 보수적으로 해석할 것이며, 보수적 의제도 진보적으로 해석할 것입니다. 좌와 우를 넘어 앞으로 나아갈 것입니다.

권위란 무엇인가

'의원님' 대신 '정훈님', 'OO씨'가 아닌 'OO님'으로 호칭만 바꿨을 뿐인데, 우리 시대전환 의원실이 21대 국회에 출범하면서 큰 인기를 받았습니다. 여러 매체에도 언급되었고, 인터뷰와 방송 출현도 자주 했습니다. 그 어느 곳보다 권위적이고 보수적인 국회 내에서 수평적 조직을 유지한다는 것 자체가 파격이었기 때문입니다. 초선 의원실임에도 불구하고, '544호'하면 다들 알아보셨습니다. 말 그대로 '핫(hot)'했습니다. 그러나 오랜 해외 생활을 해왔던 제게는 무척 쉬운 일이었습니다. 높임법이 그렇게 발달한 언어는 한국어밖에 없으니까요.

처음 국회에 들어와 의원실을 꾸릴 때, 저는 한 줌도 안 되는 권위에 대해 고민했습니다. 국회의원에게 주어진 권위는 어떤 속성인가 하고 말이죠. 그리고 이 권위는 어떻게 사용하는 것이고, 또 누가 준 것인지 말입니다. 생각보다 답을 내는데 오래 걸리지 않았습니다. '권위(authoritative)'와 '권위주의(authoritarian)'만 구분하면 되는 일이었습니다.

가장 먼저, 권위는 구성원이 합의하여 정당하게 주어진 힘과 강제력입니다. 그 옛날 한 마을의 추장이나 원로가 그러했고 가족에서 부모가 그랬으며 한 나라의 장관이나 국회의원이 그렇습니다. 특히 국회의원은 국민 개개인이 힘을 이양하여 입법노동자로 일해달라는 의미로 권위를 부여했습니다. 일 개인의 목소리로 민원을 요구하면 쉽게 처리되지 않지만, 국민의 힘이 모인 국회의원의 목소리라면 이야기가 달라집니다. 국민이 권위를 부여했기 때문입니다. 우리는 그 권위를 인정합니다. 모두가 인정할 때만 권위가 부여됩니다.

문제는 권위주의입니다. 권위주의는 권위를 의심하거나 반항하는 것을 죄악으로 보는 시각입니다. "내가 시킨 대로만 해", "내가 너보다 높으니 이렇게 해도 되지" 등으로 권위로 상대방을 억압하고 마침내 권력(힘)이 되는 것을 말합니다. 물론, 한국사회에서 권위주의는 상명하복의 군대처럼 어느 정도 효율성을 발휘했지만, 점차 부작용이 생기기 시작했습니다. 권위를 가진 자가 윤리적이지 못하거나 잘못된 판단을 내리면 병폐가 발생할 수밖에 없고, 이것을 권위자 스스로 인정하거나 고치지 않으면 해결할 방법이 없기 때문입니다. 그래서 최근 이런 '권위주의자' 혹은 '권위주의적인 것'에 저항하는 움직임이 사회 곳곳에서 일어나고 있습니다.

따라서 저는 544호 식구들에게 권위를 나누기로 했습니다. 4급 보좌관이든 5급 비서관이든 9급 비서든 인턴이든 간에 각자의 업무에 권위를 실어주기로 함께 합의했습니다. 그 업무에서 그 사람이 최고의 권위자입니다. 대신 이때의 권위는 외부에 남용하지 않기로 했습니다. 다시 말해, "나 조정훈 의원실 OO야"라고 말하지 않고, "저는 조정훈 의원실에서 OO을 담당하고 있는 OO입니다"라고 말하는 것입니다. 저희 의원실에서는 "의원님, 지시하신 OO 업무 다 했습니다"가 아니라, "정훈님, OO 업무 수정할 것이 있는지 확인 부탁합니다"라고 말하고 있습니다.

일반적으로 의원 1명이 의원실 직원들에게 하향식으로 업무를 지시하고 모든 업무의 권위는 의원 1명이 갖고 있지만, 544호는 모두가 다른 권위를 갖고 있습니다. 다시 말해, 544호는 1명 의원과 9명의 보좌진이 아니라, 10명의 의원이 있는 셈입니다. 나이가 많든 적든 직급이 높든 낮든 서로가 수평적인 관계에 있습니다. 사정이 이러니, 데드라인 못 지킨다고 서로 재촉할 필요도 없습니다. 각자 알아서 하는 거죠. 제대로 일 못하면 그 사람만 고생입니다. 자기가 책임져야 하니까요.

세계은행에 근무할 때 벨기에 브뤼셀에서 어떤 위원장과 만날 일이 있었습니다. 그 위원장은 자전거 타고 약속 장소에 와서 맥주 한잔 가볍게 하고 다시 자전거 타고 귀가하는 것을 봤습니다. 그렇다고 해서 그 사람에게 권위가 없다고 말할 수 있을까요. 그 사람 말 한마디 결정이면 모든 것이 바뀝니다. 고급 세단을 타고 여러 특혜를 받으며 일반인의 접근이 어렵게 경호를 받으며 나타나는 것이 권위가 아닙니다. 권위는 내가 내세우는 것이 아니라 남들이 권위로 인정해줄 때 권위가 있는 것인데, 한국의 정치인들은 스스로 자신의 권위를 내세우려고 합니다. 왜 그런지 모르겠습니다.

이처럼 저는 '권위'와 '권위주의'를 철저히 구분합니다. 그리고 그 구분법으로 제가 선택한 것은 '말'입니다.

저는 그 누구든 간에 결코 내가 상대방보다 우위에 있다고 생각하며 말하지 않습니다. 다만 저는 국회의원, 입법노동자로서 국민이 부여한 권위가 있습니다. 이때 제가 가진 권위는 국민이 입법하라고 주신 힘이니, 입법할 때만 힘을 발휘합니다. 입법기관으로서 사회 문제에 대해 말할 수 있고 행동할 수 있습니다.

따라서 권위는 아무 때나 아무 곳에서나 쓸 수 있는 무소불위의 무기가 아닙니다. 아직도 권위를 권력과 특혜로 착각하고 거침없이 말하고 행동하며 그 누구든 밟고 올라서려는 정치인이 있어 한없이 부끄러울 따름입니다.

양당정치란 무엇인가

저는 플랫폼 정당, 벤처정당 '시대전환'으로 입법노동자가 되었습니다. 총 300석 중 1석의 보라색이 저 조정훈입니다. 시대전환은 중도 실용주의 정당으로서 이념 대립에서 벗어나 생활 정치를 해보고자 모인 소수정당입니다. 그러나 여기에 한 가지 오해가 있습니다. 시대전환을 제3지대의 정당으로 보는 분들이 꽤 계시지만, 원래 시대전환은 양당 구도를 인정하고 양당 자체를 변화시키는 '캐스팅보터' 혹은 '평형수'의 역할을 감당하고자 했습니다. 물론 한국의 정치가 좀 더 성숙하여 다당제가 가능하다면, 다당정치를 하고 싶습니다만, 한국의 현실은 여전히 어렵기만 합니다.

이른바 '3高 시대(고물가, 고금리, 고환율)'에서 우리 한국은 사면초가에 처해 있습니다. 모든 경제 지표가 위기임을 보여주고 있으며, 올해 경제성장률이 1.4%도 되지 않습니다. 경기는 계속 어려워지고 있고, 서민의 살림살이는 나아질 기미가 보이지 않습니다. 세계 곳곳에서 전쟁이 일어나고 있으며, 북한의 미사일 도발도 끊이지 않고 있습니다. 무엇하나 긍정적인 것이 없는 한국의 현실. 국민께서 신생정당 혹은 소수정당에 힘을 실어줄 마음의 여유가 없습니다. 제3지대 정당 또는 소수정당이 이 엄청난 한국의 위기에 직면해 복잡다단한 문제를 잘 풀어낼 수 있을까요. '자, 한번 해봐라'라고 신뢰를 주기 어렵습니다. 어쩔 수 없이 양당이 책임 있고 올바르게 정치해주길 바랄 뿐입니다.

양당제의 장단점, 다당제의 장단점 모두가 다 잘 알고 있습니다. 다만 현재로서는 양당이 현실 위기를 뚫고 나가는 일에 총력을 다하는 것밖에 방법이 없습니다.

이 가운데 저는 보수정당이라 할 수 있는 '국민의힘'을 선택했습니다. 국민의힘 안에서 우리가 일을 더 많이 할 수 있을 것으로 판단했기 때문입니다. 그러나 국민의힘에 들어갔다고 해서 전체주의적으로 단일대오에 앞장서는 일은 없을 것입니다. 오히려 저는 국민의힘에서 메기 같은 존재, 수술용 메스 같은 존재가 될 것입니다. 다시 말해, 지금의 양당 제도가 올바르게 나아가려면 순혈주의에 의지한 양당이 아니라, 최대한의 다양성을 확보한 양당이 되어야 할 것입니다. 마치 생태계처럼 말입니다.

저는, 당론으로 택했다고 해서 어떤 의제를 조건 없이 찬성하거나 반대하지 않을 것입니다. 만약 국민의힘이 다양한 목소리를 허락하지 않는다면 저는 더 큰 목소리를 낼 것입니다. 그 일이 제가 해야 할 일이고, 그 일이 국민의힘이 국민에게서 높은 신뢰를 받을 길이 될 것입니다. 정치인은 하나의 양심이자 정부라고 배웠습니다. 양심이 정당보다 먼저여야 합니다.

당분간 '거대' 양당정치는 유지될 것입니다. 언젠가 다당정치를 실현할 날도 오겠죠. 그러나 여기서 중요한 것은, 정당 수가 많은 것보다는 정당 내에 다양한 목소리가 존재하는 것이 더 중요합니다.

저는 지금, 다양성의 정치를 꿈꾸고 있습니다.

외교란 무엇인가

 최근 국제 정세가 매우 복잡하게 돌아가면서 외교의 중요성이 그 어느 때보다 강조되고 있습니다. 미국은 중국과 치열하게 반도체전쟁을 위시한 패권전쟁을 벌이고 있고, 러시아는 우크라이나, 이스라엘은 하마스와 전쟁 중입니다. '러시아-중국-북한'과 '러시아-중국-북한이 아닌 나라'와의 구도에 이어 '이스라엘/팔레스타인' 구도가 만들어지고 있습니다. 혹자는 '신냉전시대'라고 말하기도 하고 '제3차 세계대전'이라고 말하기도 합니다. 특히 작년 말부터 시작된 미국의 인플레이션 감축법(IRA)과 유럽의 핵심원자재법(CRMA) 시행 때문에 우리 한국의 반도체기업, 자동차기업, 2차전지기업 등이 큰 위기를 맞게 되면서 외교능력이 시험대에 오르기도 하였습니다. 이제 대통령은 '제1호 영업사업'이 되어 전 세계 곳곳을 누비

게 되었습니다.

외교는 '국가의 이익을 위해 외국과 관계를 하는 모든 활동'을 이르는 말인데, 이때 외국과의 관계는 언제나 상대적입니다. 우리가 우위에 있거나 상대방이 우위에 있거나 할 때 그에 맞춰 적절한 관계를 맺어야 합니다. 그러나 한국은 외교 문제에서 이중성을 보이고 있습니다. 소위 미국과 같은 선진국을 형과 같은 존재로 보고 동생의 역할을 자처하면서도 동시에 일본과 중국에 무시당하는 것에는 분개합니다. 마치 '미국(유럽)＞한국≥일본＞중국'과 같은 공식을 머릿속에 두고 외우는 것처럼 말입니다.

그러나 정치가 생물(生物)이듯 외교도 생물입니다. 미국도 일본도 중국도 시시때때로 변합니다. 우리가 우위에 있을 때도 있습니다. 당연히 우리가 아쉬울 소리를 해야 할 때도 있습니다. 순간순간 환경 변화에 적응해야 합니다. 절대적으로 아군도 없고 절대적으로 적군도 없습니다. 말 그대로 '실리외교'를 해야 합니다. 지금 전 세계 나라들이 다 그렇게 하고 있지 않습니까. 윤리와 이념보다는 자국의 이익이 먼저입니다.

또한, 생각해보면 한국은 이제 국제질서 운영에 큰 축

을 차지하고 있습니다. 특히, 동북아시아에서 한국은 미-중 간의 지렛대 역할을 하고 있으며, 전 세계 모든 영역에서 국제사회 일원으로서 다양한 역할을 감당하고 있습니다. 한국이 G7, G8 정상회담에 당연히 초대받아야 한다고 생각합니다. 굉장한 자부심을 느껴도 되는 대목입니다. 이제 해외 어디를 가든지 한국 기업의 상품이 있고 'Korea'하면 모두가 '엄지척'을 하는 나라가 되었습니다. 그런데 우리는 여전히 '글로벌 멘탈'이 부족합니다. 아직도 미국에 원조받은 나라, 일본에 침략당한 나라, 중국에 사대한 나라라는 멘탈이 여전히 한국민 마음속 저 아래에 흐르고 있는 듯합니다.

이제 우리는 선진국이자 '글로벌 코리아'로서 세계 그 어느 나라와도 비등한 관계임을 잊지 말아야 합니다. 고개 숙이고 들어가면 우리가 얻을 수 있는 것이 별로 없습니다. 어깨 펴고 고개 들고 당당히 세계 여러 나라와 외교관계를 맺어야 합니다. 때로는 배신해야 할 때도 있고, 때로는 비굴하게 아부해야 할 때도 있겠지만, 그때마다 우리는 고개를 당당히 들어야 합니다. 그게 바로 '실용외교'입니다.

"전쟁은 유혈 있는 정치이고, 정치는 유혈 없는 전쟁이

다"라는 마오쩌둥의 말이 있습니다. 다행히 한국은 유혈 없는 전쟁을 전 세계 여러 나라와 치르고 있습니다. 그런데 생각보다 한국이 강합니다. 소위 말하는 '국뽕'에 취해도 됩니다. 다만, 무엇이 우리에게 '국익'이 되는지 자세히 따지고 철저한 전략을 세워야 합니다.

이제 우리는 OECD 보고서가 답이라고 생각할 필요도 없습니다. 그저 통계치입니다. 그만큼 한국은 강해졌습니다.

경제정책이란 무엇인가

지금부터 오래오래 후 어디에선가
나는 한숨지으며 이렇게 말하겠지.
숲속에 두 갈래 길이 나 있었다고, 그리고 나는 —
나는 사람들이 덜 지나간 길 택하였고
그로 인해 모든 것이 달라졌노라고.

I shall be telling this with a sigh
Somewhere ages and ages hence:
Two roads diverged in a wood, and I—
I took the one less traveled by,
And that has made all the difference.
— Robert Frost, 「The Road Not Taken」

지금 한국은 두 가지의 갈림길 앞에 섰습니다. 프로스트의 시처럼 남들이 가지 않은 길(the road less traveled)을 선택할 것인지, 아니면 남들과 같은 길을 선택할 것인지 말입니다. 중요한 것은 남들이 가지 않은 길을 선택했을 때, 그 때문에 모든 것이 달라진다는 점입니다.

한국의 경제는 아시다시피 세계 경제 부진과 맞물려 저성장이 계속되고 있습니다. 특히 코로나 19에 따른 팬데믹을 경험하면서 성장보다는 분배, 즉 긴축재정을 유지하되 복지를 늘리는 쪽으로 경제정책을 전개해 가고 있습니다. 팬데믹 기간에 대규모 재정 확대 정책을 펼쳤으니 이제 긴축할 때라고 말입니다. 틀린 말도 아닙니다. 그렇지만 또 맞는 말도 아닙니다.

최근 전례 없는 팬데믹과 경제 위기를 겪으면서 기존의 경제학 교과서에서 배웠던 경제정책의 유효기간이 지났음을 경제학자를 비롯해 국민까지 알고 있습니다. 금리를 올린다고 해서 인플레이션을 잡을 수 있는 것도 아니고, 통화 스와프를 한다고 해서 환율 방어가 제대로 되는 것도 아닙니다. 부동산 대출 규제를 푼다고 해서 집값이 오르는 것도 아니며, 대기업 법인세를 감면해준다고 해서 투자가 느는 것도 아닙니다. 소위 '낙수효과'라는 것은 교과서에서나 가능했던 일이라는 것을 최근 우리는 직접 체감하고 있습니다.

따라서 저는 '남들이 가지 않은 길(the road less traveled)'을 고민해 봅니다. 저는 현재 한국이 분배담론이 아닌 성장담론으로 발걸음을 옮겨 '신성장'을 선택해 위기를 기회로 삼아야 한다고 봅니다. 쉽게 예를 들어, 소 한 마리를 잡아 와야 누가 안심을 먹고 갈비를 먹을지 정할 수 있습니다. 소를 잡아 오지도 않고 안심과 갈비, 우족과 내장을 나누는 것은 어리석은 짓입니다. 지금 한국은 소 한 마리 잡을 생각 없이 나눌 생각만 하고 있습니다. 그러다 보니 소고기가 돼지고기로, 돼지고기가 닭고기로 줄어들고 있습니다.

이제 우리에게는 국가라는 큰 단위에서 경제성장에 대한 새로운 담론, 새로운 분석이 필요합니다. 기존의 거시경제이론으로는 미시경제를 예측할 수 없습니다. 요즘 국제 정세가 하루가 다르게 바뀌고 있으니, 그때그때 알맞은 판단과 빠른 실행이 뒤따라야 합니다. 확실하게 키워야 할 신성장 분야는 과감히 투자해야 하며, 한국 글로벌 기업의 매출 증대를 위해 어느 나라든 외교관계에 적극적이어야 합니다.

물론 국가와 정치가 양극화 문제와 분배담론을 무시하거나 모른척해서도 안 됩니다. 그러나 정치의 목적은 부유한 사람을 가난하게 만드는 것이 아니라, 가난한 사람을 부유하게 하는 것입니다. 진보 진영에서 말하는 분배담론은 어쩌면, 부유한 사람을 가난하게만 하는 일일지도 모릅니다. 부자가 가난해지기는 쉽지만, 가난한 자가 부자가 되는 것은 어려우니까요. 당연히 사회적 약자를 지키는 사회 안전망은 그 어느 때든 유지되어야 합니다. 다만, 사회 안전망만 지키는 것으로 안주한다면 그 안전망 또한 안전해지지 않을 것입니다. '곳간'에서 인심이 나니까요.

부자는 시키지 않아도 알아서 부자가 됩니다. 문제는 가난한 사람을 어떻게 부자로 만드느냐입니다. 그것이 바로 경제정책입니다.

선진국이란 무엇인가

 2016년 미국에서 한국으로 돌아오기로 마음먹었을 때, 주변 모든 사람이 저를 만류했습니다. 전 세계 최고의 선진국 미국에서 사는데, 굳이 한국에 갈 필요가 있겠느냐고 말입니다. 그러나 저는 한국에 대한 믿음, 한국에 대한 자신감이 있었습니다. 저 자신을 믿은 것이 아니라, 한국을 믿었습니다. 그 믿음은 지금도 변함이 없습니다.

 저는 '곧' 대한민국이 모든 세계 사람들이 와서 살고 싶은 나라가 될 것이며, 또 지금 그렇게 되어간다고 생각합니다. 세계은행에 근무할 때 세계 곳곳의 사람들이 제게 한국은 어떤 나라인지를 물어보기 시작했습니다. 그리고 기회가 되면 꼭 한국에 가고 싶다고 말했습니다. 어떤 사람은 한국에서 살고 싶다고 말하기도 했습니다. 인사치

레가 아니었습니다. 전 세계인이 K-pop의 나라, K-food의 나라, K-culture의 나라를 동경하게 된 것입니다.

그렇다면 '선진국'은 과연 어떤 나라일까요. IMF나 OECD 등이 분류한 경제 규모 상위에 자리한 나라일 수도 있고, 각종 지표(소득 수준, 산업발달, 민주화, 수명, 교육, 원조, 삶의 질 등)를 기준으로 한 분류에 따를 수도 있을 것입니다. 즉 조사기관과 조사지표에 따라 선진국인지 아닌지가 정해집니다. 물론, 한국은 대체로 모든 조사기관에서 선진국으로 분류하였습니다. 저 역시 한국이 선진국임은 당연히 인정하지만, 저 나름의 선진국에 관한 기준이 따로 있습니다. 그것은 다음의 세 가지입니다.

첫째, 절대 빈곤이 적고 국민소득이 높은 나라.
둘째, 규칙(법률, 원칙, 관습 등)을 잘 지키는 나라
셋째, 문화를 수출하는 나라

이에 따르면, 한국은 절대 빈곤율도 낮고 국민소득도 높은 편입니다. 물론 노인 빈곤율이 매우 높은 편이지만, 인구 전체로 봤을 때 절대 빈곤율이 높다고 말하기는 어렵습니다. 그리고 한국은 규칙(rule)에 의한 지배, 규칙을 지키는 나라입니다. 반정부세력이 있거나 무소불위의 공

권력을 행사하거나 무법천지의 나라가 아닙니다. 마지막으로 한국은 문화를 수출하고 있습니다. K-culture의 위상이 날로 높아가고 있으며, 전 세계에서 한국만의 소프트 파워가 맹위를 떨치고 있습니다. 이는 K-콘텐츠 수출액을 통해 확인할 수 있습니다. 지난 2022년 콘텐츠 산업 수출액은 130억 1,000만 달러(약 17조 원)로 이차전지(99억 9,000만 원), 가전(80억 5,000만 원), 전기차(98억 2,000만 원) 수출액보다 30% 이상 많습니다.

예전에 홍콩 누아르의 시대가 있었고, 일본 문화가 유행했던 시대가 있었습니다. 미국문화는 말할 것도 없지요. 이들 문화가 강했던 때는 그 나라 역시 강했다는 뜻입니다. 최근 중국의 동북공정 기조에 따라 한국의 문화를 중국의 것이라고 '우기는' 일이 자주 일어납니다. 그만큼 한국의 소프트 파워가 강해지고 있다는 것을 경계하고 있다는 뜻이기도 합니다.

그렇다면 지금 한국은 어떻게 해야 선진국을 유지하면서도 더 높은 곳을 향할 수 있을까요. 제가 생각하기에 이제 한국은 우리가 추구해야 할 가치를 명확히 해야 합니다. 그동안 앞만 보고 달려오기 바빴지만, 이제 우리는 우리가 추구해야 할 가치, 우리의 정신적인 것을 발견하고 고민해야 합니다. 이를테면 미국은 자유를, 프랑스는 평등을, 독일은 합리라는 가치를 추구합니다. 과연 한국은 어떤 가치를 추구하고 있을까요? 이제 우리는 가치를 고민해야 할 때가 왔습니다. 선진국이니까요.

한국의 문화란 무엇인가

앞서 한국의 소프트 파워를 언급했지만, 더욱 더 고민해볼 것이 있습니다. 바로 한국의 문화입니다. 생활방식으로 따지자면 음식, 한복, 한글 등을 생각해 볼 수 있고, 콘텐츠로는 K-팝, K-드라마 및 영화, K-웹툰 등의 한류 열풍(Korean wave)을 생각해 볼 수 있습니다. 그렇다면 이 모든 것을 아우르는 것을 한 단어로 정의하면 무엇이라 할 수 있을까요.

제게 한국의 문화를 한 단어로 정의하라고 한다면 저는, 'fusion'이라는 단어로 답하겠습니다. 요즘 유행하는 말로 하면 '하이브리드(hybrid)'로 답할 수도 있을 듯합니다. 전통과 현대, 동양과 서양, 한국어와 영어가 혼합되면서 새로운 제3의 참신함(신박함)이 만들어졌습니다.

K-pop을 예로 들어보겠습니다. 대학생 때 저 역시 종종 운동권 시위에 참여했습니다. 어느 날은 최루탄을 피해 신촌역으로 내려가는데, 서태지의 노래가 흘러나왔습니다. 살면서 처음 들어본 가사와 비트였습니다. 말 그대로 매혹당했습니다. 운동권과 집단주의의 마지막 세대이자 본격적인 대중문화의 중흥을 목도한 세대가 바로 제 세대입니다. 저와 동갑(1972년생)인 뮤지션이자 프로듀서, 기업인 박진영(JYP), 방시혁(HYBE) 등이 갑자기 생각납니다.

지금 한국은 이른바 한민족의 DNA로 만든 것 중에 가장 멋진 것을 뽑아내고 있습니다. 3040세대의 노력과 자본에 1020세대의 참신함이 만났습니다. 이보다 더 완벽한 조합은 없을 것입니다. 그러나 이들의 노력도 노력이지만, 이러한 한국의 문화는 순수한 것이고 자발적인 것입니다. 누가 억지로 시킨 것도 아니고 누가 의도한 것도 아닙니다. 따라서 한국의 정치는 문화에 성급하게 접근해서는 안 됩니다. 성급히 영화제 몇 개 더 만들고, 콘서트 몇 번 더 연다고 해서 문화가 발전하는 것은 아닙니다.

다만 공정한 경제 거래가 유지되도록 시스템만 잘 정비하면 됩니다. 이를테면 기획자와 뮤지션 간의 수익 분배구조 등이 불합리하지 않도록 적정 수준을 만들어가는 것을 생각해 볼 수 있겠습니다. 세제 혜택이나 병역 면제와 같은 문제도 사회적 합의에 따라 법망을 재정비해야 합니다.

다시 정치로 돌아온다면, K-콘텐츠의 눈부신 발전처럼 정치도 'fusion'을 이뤄야 하지 않을까 합니다. 보수와 진보, 영남과 호남, 기성세대와 청년세대가 함께 어우러지는 그런 정치 말입니다. 한국의 문화는 참신한데 이상하게도 한국의 정치문화는 구태의연합니다. 오히려 'K-정치'라고 해서 국회나 국감장에서 고성 지르고 몸싸움하며 망신 주고 비방하는데 온갖 노력을 다하는 부끄러운 모습만 보여주고 있으니, 송구할 따름입니다.

제가 여기서 주목하는 것은, 전 세계에서 K-콘텐츠가 맹활약을 떨칠 때 우리의 의식과 정치도 뒤따라가야 한다는 것입니다. 만약 의식과 정치가 뒤따라가지 않는다면, K-콘텐츠는 한때의 유행 또는 거품에 지나지 않을 것입니다. 콘텐츠의 밑바탕에는 문화와 정신이 깔렸기 때문입니다. 따라서 K-콘텐츠처럼 한국의 정치 역시 늘 새로워야 하고 혁신을 일으켜야 하며 모두가 공감해야 합니다.

따라서 저와 우리 의원실은 대한민국 헌정사에서 '원 히트 원더(one hit wonder)'가 되고 싶지 않습니다. 저와 의원실은 실력파 최장수 아이돌이 될 것입니다.

한국 사람의 조건은 무엇인가

저는 한국의 문화를 'fusion'으로 정의했습니다. 그렇다면 한국만의 정신(soul)은 무엇일까요. 최근에 어떤 기사에서 본 적이 있습니다. 한국인만의 정신(혼)이 무엇인지 묻는 설문 조사에서 대다수 한국인이 '평등'과 '홍익인간'을 꼽는다고 합니다. 평등은 앞서 언급했고, '홍익인간'은 아마도 단군조선으로부터 시작한 한국의 역사이니 대다수가 한국인만의 정신이라고 생각할 수 있을 듯합니다. 더욱이 한국이 동양에 속한 데다가 공동체 의식이 강했던 전근대까지는 개인주의보다는 이타정신이 더 강했을 것입니다.

그리고 그 기사에 한국인만의 특성(종특)을 묻는 설문 조사 결과가 흥미로웠습니다. 두 가지였습니다. 하나는 카페에 고가의 물건을 둬도 훔쳐 가지 않는 'K-양심' 그리고 또 하나는 '음주가무'에 진심인 한국인! 흥이 가득한 한국인이기에 K-pop이 전 세계적으로 인기 있는 것은 아닐까 생각해 봅니다.

그런데 여기서 질문 하나가 생깁니다. 과연 한국인(Korean)은 누구라고 말할 수 있을까요. 즉, 한국 사람의 조건은 무엇일까요. 민족이라는 개념은 사라진 지 꽤 되었습니다. 국제결혼이 이제는 대수롭지 않은 일이 되었고, 외국인 노동자, 결혼이주여성도 심심치 않게 길거리에서 마주할 수 있습니다. 특히 K-pop 인기 덕분에 최근 한국인 귀화도 늘고 있습니다. 이제 우리는 몽골계의 황인종을 한국인이라고 단정 짓기 어려워졌습니다.

따라서 우리는 한반도에서 함께 살아갈 사람들을 한국인으로 규정해야 하는데, 어떤 기준으로 공동체를 받아들이고 만들지 고민해야 합니다. 예컨대 외국인이지만 삼성전자에 다니는 박사급 연구원이면 한국인인가요. 허름한 식당에서 서빙하는 외국인은 한국인이 아닌가요. 물론, 한국 국적이 있으면 한국인이라고 말할 수 있겠지만, 그렇다고 해서 한국 국적 없이 한국에 살면 한국인이 아니라고 말하기도 어려워졌습니다.

저는 그래서 한국의 정신(soul, 魂)을 '헌법'으로 보고자 합니다! 대한민국의 국민이라면 반드시 동의해야 하는 것이 바로 헌법입니다. 국교(國敎)가 존재한다면 국교를 한 나라의 정신으로 여길 수 있겠지만, 한국은 국교가 없을뿐더러 종교의 자유가 허락된 나라입니다. 따라서 한국이라는 나라에 계속 살기 위해서는 한국의 헌법에 따라야 합니다. 예컨대 주한미군은 중대범죄를 저질러도 한국에서 먼저 기소하기 어렵습니다. 본국인 미국이 허락해야 한국에서 기소할 수 있습니다. 물론 실제로 처벌까지 이뤄지는 경우가 그다지 많지 않다고 합니다. 따라서 주한미군은 한국의 헌법에 동의하지 않고 지키지 않으므로 한국인이 아닙니다. 다시 말해, 헌법은 한국에 사는 사람들을 한국인으로 묶는 울타리이자 경계선이라 할 수 있습니다.

그런데 한국에서는 한국인에게 헌법을 가르치고 내재화하는 데 소홀합니다. 우리 아이들이 학교에서 헌법을, 헌법의 가치를 제대로 배우고 있을까요? 귀화하거나 이민자를 받을 때 한국의 헌법을 제대로 교육할까요? 물론 잠깐의 취업비자를 받고 한국에 들어오거나 여행객에는 한국의 헌법을 교육할 필요도 없습니다. 곧 돌아갈 테니까요. 큰 범죄를 저지른다면 상대 국가와 범죄 처벌 합의를 본 후에 기소할 것입니다. 다시 말해 이들은 한국인이 아닙니다.

대한민국의 헌법은 대한민국의 통치구조와 국민의 권리와 의무를 규정한 최상위 법입니다. 그 무엇도 헌법보다 우선되는 것은 없으며, 헌법을 위반한 법률은 효력이 없습니다. 부칙 6조를 제외한 총 10장 130조에는 대한민국이라는 국가가 지향하는 가치가 모두 포함되어 있습니다. 헌법 전문을 인용해보겠습니다.

유구한 역사와 전통에 빛나는 우리 대한국민은 3·1운동으로 건립된 대한민국임시정부의 법통과 불의에 항거한 4·19민주이념을 계승하고, 조국의 민주개혁과 평화적 통일의 사명에 입각하여 정의·인도와 동포애로써 민족의 단결을 공고히 하고, 모든 사회적 폐습과 불의를 타파하며, 자율과 조화를 바탕으로 자유민주적 기본질서를 더욱 확고히 하여 정치·경제·사회·문화의 모든 영역에 있어서 각인의 기회를 균등히 하고, 능력을 최고도로 발휘하게 하며, 자유와 권리에 따르는 책임과 의무를 완수하게 하여, 안으로는 국민생활의 균등한 향상을 기하고 밖으로는 항구적인 세계평화와 인류공영에 이바지함으로써 우리들과 우리들의 자손의 안전과 자유와 행복을 영원히 확보

할 것을 다짐하면서 1948년 7월 12일에 제정되고 8차에 걸쳐 개정된 헌법을 이제 국회의 의결을 거쳐 국민투표에 의하여 개정한다. 1987년 10월 29일

만약 한국인인데, 헌법 전문 중 단 하나라도 동의하지 않는다면, 손가락질을 받을 수도 있습니다. 이를 정치권에서 논란의 여지로 삼거나 정쟁의 도구로 삼기도 하지만, 한국의 "유구한 역사와 전통"에 따른 정신이 고스란히 적혀 있습니다. 10장 130조의 헌법을 꼼꼼히 읽어보면 이것이야말로 한국인의 정신이자 혼이라 할 수 있을 것입니다. 우리 삶에 꼭 필요한 다양한 가치와 이념이 모두 헌법에 들어가 있습니다. 그야말로 부족함이 없이 꽉 찬 '비빔밥'이라 할 수 있습니다.

그런데 왜 한국의 정치는 헌법을 정치의 토대로 보지 않을까요. 왜 한국의 정치인은 헌법정신에 어긋나는 행동을 할까요. 저는 한국의 정치와 정치인이 헌법정신으로 돌아가야 한다고 생각합니다. 헌법 문장이 하나하나 만들어질 때의 신중함과 그 뜨거움을 한국의 정치가 다시 아로새겨야 합니다.

그렇게 된다면 지금보다 K-정치는 더욱 아름다워질

것이고, 더없이 현실적이며, 더할 나위 없이 국민으로부터 신뢰받게 될 것입니다.

제4부 한국의 미래에 대해 질문하다

대통령은 어떤 사람이어야 하는가

그 옛날에는 비가 오지 않아도 나라님 탓, 비가 많이 와도 나라님 탓을 했었습니다. 나라님 '덕(德)'이 부족하므로 나라에 기근이 든다고 생각했던 거죠. 반대로 기근 한 번 없이 태평성대를 누리면, 그것 역시 나라님의 '덕치(德治)'에 의한 결과로 보았습니다.

최근 그 어느 때보다도 대통령의 역할이 중요해졌고, 대통령의 일거수일투족을 지켜보는 국민이 많아졌습니다. 그만큼 엄중한 시기라는 거죠. 그렇다고 해서 그 옛날처럼 민생이 나쁘다고 해서 모든 문제를 대통령 탓으로 돌리기도 어렵지만, 대통령은 나라 운영을 책임지는 최고 통수권자로서 그 책임이 막중하다는 점에는 모두가 동의할 것입니다. 따라서 저는 생각해보았습니다. 대통령은 어떤 사람이어야 하는지, 정부는 어떤 운영을 해야 하는지, 크게 3가지로 나눠보았습니다.

첫째, 대통령은 멀리 내다볼 줄 알아야 합니다.
대통령이 한국의 모든 것을 좌지우지하는 사람은 아니지만, 적어도 나라 운영 방향과 운영 철학은 확고해야 하며, 그 운영 방향과 철학은 국민에게 합의된 것이자 동의한 것이어야 합니다. 이른바 '시대정신(Zeitgeist)'에 부합해야 합니다. 지금 대한민국은 소용돌이치는 격랑(激浪)의 세계 한가운데에 있습니다. 유혈 있는 전쟁과 유혈 없는 전쟁이 곳곳에서 일어나고 있습니다. 대한민국도 결코 안심할 수 없습니다. 이 가운데 대한민국은 격랑을 헤치고 앞으로 나아가야 합니다. 이때의 방법은 크게 두 가지가 있을 것입니다. 소용돌이를 우회해서 가거나, 정면 돌파하거나. 그러나 방향 없이 현재의 근시안적인 정책과 운영은 혼란만 가중할 뿐이며 끝내 격랑 앞에서 좌초하게 될 것입니다. '국정기조'라는 말이 있습니다. 시대적 요구에 따라 전략, 이념, 목표 등을 설정하여 개별 정책의 기본방향을 제시하는 것입니다. 이 국정기조가 곧, 멀리 내다보는 일입니다. 대통령과 정부는 지금 눈앞의 현안을 해결하는 데 급급하기보다는 저 멀리 보이는 깃발을 향해 나아가야 합니다. 나무보다는 숲을 봐야 합니다.

둘째, 대통령은 통합의 상징이 되어야 합니다.

정치가 아무리 망가지고 엉망이라 하더라도, 정치인의 메시지는 막대한 영향을 끼칩니다. 가뜩이나 힘들어 국민 모두 까칠해졌는데, 불에 기름 부은 격으로 상식과 민심에 어긋나는 정치인과 대통령의 언행과 행동은 그야말로 '최악'입니다. 대통령 후보 시절 대통령 후보는 지지층을 만들고 결집하기 위한 반목의 언어, 선동의 언어를 쓰지만, 대통령이 되고 나서는 통합의 언어를 써야 합니다. 대통령은 콘크리트 지지층의 대통령이 아니라, 한국 국민 모두의 대통령이기 때문입니다. 따라서 대통령은 진보와 보수, 남과 여, 청년과 노년, 서울과 지역 등 어느 한쪽 편에 서거나 경향을 보여서는 안 됩니다. 지지해준 국민이든 지지를 거둔 국민이든 간에 모든 국민을 책임지는 대통령이 되어야 합니다.

셋째, 대통령은 각 전문가에게 정확한 진단을 맡겨야 합니다.

안타깝게도 한국은 축적된 경험이 많지 않습니다. 매우 빠른 근대화, 압축 성장했기 때문입니다. 민주주의 경험도 그렇고, 빠르게 변하고 있는 사회 현상에 따른 법률 제정 경험도 그리 많지 않습니다. 예컨대, 미국은 민주주의 경험이 꽤 많이 축적되어 있어서 새로운 사회 현상에 따른 법률 제정도 전 세계에서 제일 먼저 합니다. 한국은 항상 늦죠. 그래서 경험이 적은 한국은 늘 세계에서 통용되는 '글로벌 스탠다드(global standard)'를 따라가고 있습니다. 이런 상황에서 대통령이 모든 것을 예측하고 판단하기에는 한계가 있습니다. 대통령이 한 나라 각 분야를 어떻게 다 알겠습니까. 따라서 대통령은 적재적소에 전문가를 배치하고, 이에 따른 정확한 진단을 받아 나라를 운영해야 합니다. 대통령 측근 혹은 당에서 추천하는 낙하산 인사로 각 분야를 채운다면, 결국 정확한 상황 파악이 어려울 것입니다. '십상시' 같은 환관들에 위정자의 눈이 가려지고 귀가 막혀 나라가 망하는지도 모르는 사건은 역사적으로 늘 반복되지만, 이제 그만할 때도 되었습니다. 대통령은 자신을 칭찬하고 모든 게 다 괜찮다고 말하는 사람보다는, 자신을 비판하고 모든 게 다 문제라고 말하는 사람을 가까이 두어야 합니다.

결국, 대통령은 사람을 보고 국가를 운영해야 합니다. 정치인도 정부도 마찬가지. 그 무엇보다 사람을 우선으로 한다면, 그 정책이 실패하더라도 국민으로부터 박수를 받을 것입니다. 물론 냉혹한 비판을 받을 수도 있습니다만, 역사의 평가는 그렇지 않을 수 있습니다. 부디, 역사의 평가를 두려워하는 사람이 대통령이 되었으면 좋겠습니다.

어떤 정당이 좋은 정당인가

정치인에게 시간은 크게 두 가지로 나뉜다고 합니다. 선거운동하는 시간과 선거운동을 준비하는 시간. 국회의원으로 당선되면, 얼마 지나지 않아 다음 선거를 고민한다는 겁니다. '웃픈' 현실이 아닐 수 없습니다. 특히, 선거철이 가까워지면 공천받기 위한 치열한 눈치싸움이 벌어집니다. 수많은 이합집산(離合集散)이 이뤄지며, 당선 가능성이 큰 지역구에 안착하기 위한 물밑 작업이 은밀히 진행되고 있습니다. 이른바 '시즌'이 시작되는 것인데, 지금이 딱 그 시즌입니다. 공천권을 가진 당대표에 막강한 힘이 부여되고, 공정한 공천규정(rule)을 만들겠다고 하지만, 그 rule은 항상 누군가에게는 유리하고 누군가에게는 불리하게 정해집니다. 대선도 마찬가지. 총선이든 대선이든 뚜껑을 열어봐야 아는 것이지만, 그 뚜껑을 열어보기까지 과정이 무척 험난하기만 합니다. 사정이 이러하니, 선거가 끝나면 바로 다음 선거를 생각하지 않을 수가 없습니다.

그래서 저는 '당대표'라는 제도를 차라리 없애면 어떨까 하고 생각해 봅니다. 마치 미국처럼 말입니다. 한국은 당대표를 비롯한 당 지도부가 선거에 출마할 후보자를 추천하지만, 미국은 당원과 유권자들이 먼저 예비선거(Open Primary 혹은 Closed Primary)를 치러 후보자를 추천합니다. 그렇게 되면 당대표는 필요 없을 듯합니다. 한국은 특이하게 당대표도 있고 원내대표도 있습니다. 국회 내에서 정당의 대표직을 맡은 원내대표와 정당 자체를 대표하는 당대표. 분명 누군가는 1인자이고 누군가는 2인자의 역할을 해야 하는데, 과연 이것이 효율적인지는 의문입니다. 국회를 벗어난 곳에서 정당정치를 하는 것이 과연 정당한지 잘 모르겠습니다. 그래서 한국도 미국처럼 원내대표만 두고, 공천을 당원과 유권자들에게 맡기는 혁신을 기대해봅니다.

그런데, 제가 21대 국회의원으로 국회에 입성해 입법노동자로 일하다 보니, 소위 말하는 '현타'가 올 때가 한두 번이 아닙니다. 정치야말로 안드로메다급으로 어렵고 복잡합니다. 이해당사자가 한두 명이 아니고, 해결해야 할 일도 한두 개가 아닙니다. 가야 할 곳도 많고, 해야 할 일도 많습니다. 끝이 없습니다. 좋은 게 좋은 게 아닙니다. 더욱이 어떤 정당에 속하든 국회 내의 상임위원회 혹은 특별위원회에서 위원회 활동도 해야 하는데, 자신이 잘 모르는 영역이라도 일단 맡게 되면 코피 터지게 열심히 공부하는 수밖에 없습니다. 특히 국정감사 시즌이 오면, 그야말로 비상상태! 훑어봐야 할 자료만 해도 A4 용지 몇 박스 분량입니다. 의원실 전체가 국감 시즌만 되면 야근을 밥 먹듯이 해야 합니다. 오죽하면 한국에서 제일 가성비 나쁜 직업이 의원실 직원이라는 말까지 할까요.

더욱이 한국은 지역구 의원과 비례대표 국회의원으로 구성되어 있는데, 저 같은 비례대표는 정당 득표율에 따라 당선이 결정되는 것이라 지역을 연고로 하지 않습니다. 그렇다면 비례대표로 재선을 나가려면 정당 득표율도 높아야 하지만, 정당 내에서 높은 순위의 비례대표 순번을 받아야 가능합니다. 소수정당일수록 가능성이 희박합니다. 하늘의 별 따기죠. 결국, 비례대표로 나온 국회의원은 재선하기 위해 지역구로 들어가는 것이 일반적입니다.

이에 따라 지역구 의원은 결국, 2가지의 역할을 해내

야 합니다. 한 가지는 지역을 돌보는 국회의원, 또 하나는 나라 전체 시스템을 돌보는 국회의원. 쉽게 말해 '지역정치'와 '중앙정치'를 동시에 해내야 하는 것이 국회의원입니다. 과연 가능할까요?

저는 한국에 기능으로서의 정당, 기능인으로서의 정치인이 필요하다고 생각합니다. 각 분야의 전문가가 되어야 하는 것은 두말할 필요도 없고, 만약 정당과 국회의원 당사자가 그 분야의 전문가가 아니라면, 정당과 의원실과 국회의원이 전문가 집단과 거버넌스(governance)를 구축해 네트워크를 형성해 나가는 것을 추천하고 싶습니다. 정당과 입법노동자인 국회의원과 국가 기관에서 한 발짝 떨어진 거버넌스가 함께 만난다면 더욱더 정확한 현실 진단과 현명한 의사결정을 내릴 수 있을 것입니다.

물론, 당장 지역구 제도를 없애고 미국처럼 상원의원과 하원의원만 뽑을 수는 없을 것입니다. 그러나 한 국회의원이 지역정치와 중앙정치를 동시에 해내기는 쉽지 않습니다. 여기서 한국 정치의 여러 폐해가 발생한다고 저는 생각합니다. 지역을 앞세우면 국가 전체의 정책에 반할 때가 많고, 국가 전체를 생각하면 지역이 희생해야 할 때가 많습니다. 더욱이 당선 가능성이 높은 지역에만 안

주하려는 정치인이 많아질수록 한국의 정치는 더욱 나빠질 것입니다.

생각의 단위가 국가인 정치인이 지금보다 더 많이 필요합니다. 동시에 각 분야를 전문적으로 다룰 줄 아는 전문가도, 전문가 정당도 필요합니다. 과연 한국의 정치는, 정당들은 지역정치와 중앙정치를 동시에 할 수 있을까요. 각 분야의 전문가가 정당에 입당해서 국회의원까지 되는 것이 지금보다는 쉽고 자연스러운 때는 과연 언제일까요. 기다리고 기대해봅니다.

청년 정책은 어떻게 시작해야 하는가

무척 어려운 문제입니다. 일단, 제가 청년이 아니니까요. 여러 정책 중에 제일 민감하고 어려운 영역이라고 생각합니다. 왜냐하면, 특정 세대를 겨냥하는 '세대 정책'은 그 세대가 동일한 환경에 있어야 하고 세대가 일정 수준 이상 동질성을 갖고 있어야 하지만, 그런 세대가 과연 존재할지는 의문입니다. 이른바 베이비부머 세대, 386세대, 486세대 등은 그래도 비슷한 환경을 겪었고 동질성 또한 강하므로 한 세대로 아우를 수 있다고 말할 수 있겠지만, 그렇다고 해도 세대 정책을 쉽게 적용하기는 어렵습니다. 특히, 최근 청년세대는 현재진행형이고 그 어떤 세대보다 새로운 환경에서 자라면서 그 어떤 세대보다 자유로운 세대이기 때문에 세대 정책을 적용하기는 정말 어렵습니다.

최근 한국에서는 20대 청년(이른바, MZ세대)과 30대 청년으로 크게 나눠 일자리 정책, 주거 정책, 결혼과 출산 정책 등을 내놓고 있지만, 제가 생각하기에 이러한 청년 정책은 어젠다(agenda) 설정부터 틀린 정책이라고 생각합니다. 정책의 실효성 문제는 논외로 하고, 일단 청년들을 하나로 묶은 것 자체가 틀렸습니다. 따라서 정부에서 기획하고 설정한 청년 정책 어젠다가 각 청년에게 적용 불가능합니다. 예컨대 어떤 청년은 특정 직장에 오래 있기보다는 여러 직장을 옮겨 다니며 본인의 경력을 쌓고 싶어 하고, 또 어떤 청년은 비혼주의자이며, 또 어떤 청년은 비건입니다. 과연 이들을 같은 어젠다로 묶어 정책을 제시한들 좁쌀만 한 효과가 있을까요.

다 같은 청년 정책이라고 '퉁치면' 안됩니다. 청년 정책은 그 어떤 정책보다 '인수분해' 해야 합니다. 최대한 촘촘하게 세분화해서 각 청년에게 맞는 정책을 제시해야 합니다. n개의 수만큼 청년 계열이 있다면, 같은 계열의 정책도 n개의 수만큼 있어야 합니다. 이를 우리는 맞춤형 정책이라 부릅니다.

그러기 위해선 당연히 선거 표를 생각한 '들러리로서의 청년'이 아니라, '자신의 문제를 직접 해결하려는 청년'이 정당과 국회에 많아져야 합니다. 그리고 이들이 직접 청년 정책을 세울 수 있게 해야 합니다. 이에 따라 우리는 우리의 자리를 조금 혹은 많이 양보해야 합니다. 국회 안에서 그렇고 사회 안에서 그렇습니다. 청년들이 더 목소리를 낼 수 있도록, 청년들이 더 많이 말할 수 있도록 자리를 비워줘야 합니다. 그러나 여전히 기득권 또는 기성세대는 청년세대를 향해 혀를 끌끌 차며, 대한민국의 장래가 어둡다고 말하면서 청년세대가 우리처럼 정신 차려야 한다고 생각합니다. 아직은 청년세대가 부족하니, 청년세대가 일정 수준으로 '성장'하면 그때 자리를 내려놓겠다는 생각이죠. 그러나 미안하지만, 기성세대 때문에 대한민국의 장래가 어둡습니다. 정신 차려야 할 사람은 기성세대입니다. 대한민국의 미래는 미래 세대에 맡기는 것이 당연한 것인데 말입니다.

정치도 정년퇴임이 있어야 합니다. 자신이 청년의 마음을 가졌다고 청년이라 말하는 것도 한계가 있습니다.

중산층을 위한 복지정책이 필요하지 않은가

정쟁으로 삼기 아주 좋은 주제입니다. 이른바 '보편복지'와 '선별복지'. 보편복지는 형평성이 높지만, 효율성이 낮고 비용이 많이 든다고 생각합니다. 반면에 선별복지는 형평성은 낮으나 효율성이 높고 비용이 적게 든다고 생각합니다. 진보 계열은 보편복지를, 보수 계열은 선별복지를 내세웁니다. 그리고 일반 국민도 보편복지는 진보적인 것, 선별복지는 보수적인 것으로 생각합니다. 과연 그럴까요.

정답부터 말씀드리자면, 땡! 복지정책의 전제가 틀렸습니다. 여기서 다시 문제. 복지정책은 누구를 향한 정책이어야 할까요? 대부분 서민층, 즉 사회적 약자를 향한 정책이라고 생각합니다. 정부도, 국회도, 국민도 그렇게 생각합니다. 그러나 세계 어느 나라를 봐도 복지는 서민층을 향한 정책이 아니라 중산층을 위한 정책입니다. 사회적 약자를 비롯한 서민을 위한 것은 복지정책이 아니라 사회보장제도입니다. 서민층이 사회적 안전망 덕분에 더는 아래로 떨어지지 않도록 해야 하고, 중산층을 위한 복지정책을 펼치면서 중산층이 두꺼워져야 합니다. 그리고 다시 서민층이 중산층으로 올라올 수 있도록 하는 정책을 마련해야 합니다.

그러나 안타깝게도, 한국은 지금 거꾸로 하고 있습니다. 중산층은 내버려 두고 서민층을 위한 정책만 키우고 있습니다. 그래서 최근 중산층은 불만이 가득합니다. 열심히 일해서 열심히 세금도 잘(많이) 내고 있는데, 돌아오는 혜택은 아무것도 없으니까요. 그렇게 세금 잘 내는 중산층이 얇아지고 있으니, 서민층을 지원할 세금도 적어집니다. 악순환이죠. 따라서 한국 사회가 건강하고 안정적이려면 중산층이 가진 사회적 불안감을 빨리 해결하고 중산층의 자유로운 경제활동을 보장하여 자산을 늘리게 하는 것이 바로 복지정책입니다! 물론 고소득층은 복지정책과 크게 관련이 없습니다. 국가 정책 없이도 알아서 행복하게 잘 사니까요. 문제는 중산층입니다.

그렇다면 중산층과 서민층을 어떻게 나눌 수 있을까요. 간단합니다. 자산(asset, 資産)의 유무 혹은 규모입니다. 노동소득으로 소득을 키울 수 있는 시대는 지났습니다. 자산소득이 소득을 더 키우는 시대가 지금입니다. 쉽게 말해 노동소득으로만 살아가는 계층은 서민층이고, 노동소득과 더불어 자산소득이 있는 계층을 중산층으로 보면 될 것입니다. 고소득층은 '넘사벽'의 자산소득이 있는 계층이겠고요. 따라서 우리는 저소득층의 자산이 중산층보다 얼마나 증가하고 있는지를 잘 파악해야 합니다. 중산층보다 저소득층의 자산 증가율이 높다면 그 사회의 복지정책이 성공하고 있다는 뜻이 될 것입니다. 그 저소득층이 곧 중산층이 될 것이니까요.

따라서 복지정책은 열심히 일해 자산소득까지 있는 중산층에게 자녀도 교육할 수 있고 결혼도 할 수 있으며 편안한 노후를 꿈꿀 수 있도록 자산 증가율을 높여줘야 합니다. 그렇다면 복지정책의 방향은 명확합니다. 자산 증가율을 높일 수 있는 정책이어야 합니다. 여기서부터 복지가 시작됩니다.

제가 생각하기에 좋은 나라는 '목돈' 들이는 일이 적은 나라라고 생각합니다. 한국을 생각해보면 쉽게 이해가 될 것입니다. 결혼할 때 집을 마련하기 위한 목돈, 아이를 낳았을 때 감당해야 할 교육비, 큰 사고 났을 때의 병원비만 떠올려도 한국은 좋은 나라가 아닌 듯합니다. 고소득층이야 이런 목돈에 크게 타격받지도 않고 또 언제든 가능하지만, 저소득층이나 서민층은 이런 목돈을 마련할 능력이 없습니다. 이때 대부분 휘청이게 되죠. '영끌'이 바로 그것입니다.

따라서 저소득층에게는 자산 축적의 기회와 그것을 가능하게 하는 교육의 기회를 사회보장제도로써 제공해야 합니다. 앞서 말씀드린 부루마불 게임처럼 월급(기본소득)도 지급해야 합니다. 이에 반해 중산층에게는 합법 내에서 충분히 자산을 늘릴 수 있도록 여러 정책으로 지원해야 합니다. 대학교 반값등록금이나 주택마련지원정책 등을 예로 들 수 있겠습니다.

한국을 비롯해 전 세계적으로 복권이 많이 팔리는 동네일수록 경제 수준이 낮은 동네라고 합니다. 서울을 예로 들면, 복권이 제일 많이 팔리는 곳이 금천구, 제일 많이 안 팔리는 곳이 강남구라고 합니다. 강남구의 사람들은 복권당첨금보다 더 많은 돈을 갖고 있으니까요. 그러나 가난한 사람들은 복권이 아니라 보험을 들어야 합니다. 어떤 목돈 들일 일이 생길지 모르니까요. 바로 그 보험이 사회보장제도입니다.

　복지(welfare)는 국민이 생활을 잘(well) 해나가도록 지원하는 것(fare)입니다. 사회보장제도(social security system)는 생활(social)을 잘해나가기 어려운 국민을 지켜주는 것(security)입니다. 지금 한국은, 복지정책의 전제가 잘못되어 있습니다. 복지는 중산층을 향해야 합니다.

낭만적 남북관계론의 대안은 무엇인가

저는 실향민의 후손입니다. 제 할머니는 남편이 북한 정권에 의해 처형당하는 아픔을 안고 피난 오신 분입니다. 여전히 북한에 가족이 있는 이산가족이 71만 명(2005년 조사)이나 계십니다. 살아생전에 가족 얼굴 한번 봤으면 하는 분들의 아픔이 여전히 남아 있습니다. 그럼에도 불구하고, 저는 민족주의에 근거한 막연한 통일론은 반대합니다. 저는 21대 국회의원 비례대표 공약에서 남한과 북한을 같은 민족이 아닌 '이웃국가'로 볼 것을 한국 정치인 중에 최초로 제안했습니다. 다시 말해 통일을 전제로 하는 것이 아니라, 일단 이웃국가로서 우리가 북한을 바라보자는 것입니다.

물론 북한이 '좋은 이웃'인지는 의문이 듭니다. 좋은

이웃이 되려면 적어도 안보에 위협이 되지 않고 경제적으로 주고받을 것이 있으며 서로 존중해야 하는데, 북한은 한국을 존중하지 않으며 주고받을 것도 없고 안보에 위협만 되고 있으니, '나쁜 이웃'인 것은 확실합니다.

그래서 저는 2020년 6월 북한이 개성공단 내 남북공동연락소를 폭파하고 개성공단을 폐쇄했을 때, 국제사법재판소에 재소해야 한다고 주장한 바 있습니다. 그러나 한국 정부는 침묵했습니다. 왜냐하면, 북한을 같은 민족으로 봤기 때문입니다. 같은 민족끼리 국제재판을 진행하면서 분쟁하는 것은 그다지 좋아 보이지 않으니까요.

우리는 예전에 교과서에서 '우리의 소원은 통일 꿈에도 소원은 통일'이라는 노래를 배운 적이 있었습니다. 그러나 지금 아이들은 그런 노래를 배운 적도 없고, 들은 적도 없습니다. 더는 통일이 우리의 소원이 아니기 때문입니다. 실제로 최근 설문조사에 따르면 국민 10명 중 3명은 통일이 필요하지 않다고 보았습니다(서울대 통일평화연구원, 2023 통일의식조사). 특히 20대에서 통일이 필요하지 않다고 응답한 비중이 41.3%가 나왔습니다. 다른 설문조사에 따르면, 통일을 원하는 이유도 경제 부흥이지만, 통일을 반대하는 이유도 경제 부담입니다. 결국, 통일

문제는 경제였습니다!

북한은 최근 '남측'이나 '남조선'이라고 말하지 않고 '대한민국'이라고 말하기 시작했습니다. 그리고 지난 항저우 아시안게임에서 북한 여자 축구 대표팀 리유일 감독은 '북측'이라는 취재진의 말에 "북측이 아니라 조선민주주의인민공화국"이라며 날카롭게 반응하였습니다. 이제, 하나의 나라가 '남측(남조선)'과 '북측(북조선)'으로 갈라진 것이 아니라, '조선민주주의인민공화국'과 '대한민국'의 'Two Korea'로 서로 다른 나라가 된 것입니다.

그러나 사실 북한은 이미 1961년 이후 남북이 두 개의 국가로 점차 고착되어 가는 상황을 인정하면서 그에 맞는 통일전략을 수립하려고 했습니다. 그것이 바로 '남조선지역혁명론'과 '연방제 통일론'이 그것입니다. 물론 북한의 경제 사정이 점점 나빠지면서 북한 주도의 통일은 어려워졌지만, 그럼에도 불구하고 북한은 체제 보위, 국가 보위, 핵보유국이라는 3가지 키워드로 국제사회에서 한 나라로 인정받으려 합니다.

따라서 우리는 민족주의적인 관점 대신에 철저히 국제기준, 국제법에 따라 '조선민주주의인민공화국'과 관계를 맺어야 합니다. 어쩔 수 없는 현실입니다. 민족주의 담론에 이끌려 북한의 위협에 속수무책 손을 놓을 수는 없습니다. 또한, 남한 주도의 '흡수통일'을 자주 언급해서 북한을 자극해서도 안 됩니다. 북한은 현재 전 세계에서 대한민국과 다른 하나의 나라로 인식하기를 원합니다.

러시아가 우크라이나를 침공했을 때, 미국 국무부장관 헬리 키신저와 우크라이나 대통령 젤렌스키가 전쟁에 대해 다음과 같이 대화했다고 합니다. 핵무기를 가진 나라와 핵무기를 갖고 있지 않은 나라가 전쟁하면, 결국 핵무기를 가진 나라가 전쟁을 끝낸다는 결론에 이른다고 말입니다.

한국도 마찬가지입니다. 북한이 핵무기를 갖고 있는 한, 핵 위협에서 자유로울 수 없습니다. 그렇게 평화로운 캐나다에도 군대가 있습니다. 하물며, 나쁜 이웃인 '조선민주주의인민공화국'이 바로 옆에 있는데, 한국은 이제 쓰면 쓸수록 손해가 되는 '통일'과 '민족'이라는 말을 삼가야 합니다.

이제, 남북 관계에서 낭만주의는 사치입니다. 철저히 현실적이어야 합니다. 북한은 이제 한국을 같은 민족으로 보지 않습니다. 북한은 우리의 이웃 나라일 뿐입니다. 물론, 아직 북한은 우리에게 좋은 이웃은 아닙니다.

한일관계의 방점은 과거인가 미래인가

'한일 관계 정상화'에 이어 후쿠시마 오염수 방류가 진행되고 있는 현재. 한국인 대부분은 일본을 불편해합니다. 일본 제국주의가 잔인하게 한국을 지배했던 36년을 어떻게 잊었느냐고 말입니다. 여전히 진정성 있는 사과를 일본으로부터 받지 못했다고 말합니다. 위안부 문제도 해결되지 않았고, 역사 왜곡 문제도 해결되지 않았습니다. 독도 영유권 논란도 있습니다. 인기스포츠 종목인 축구나 야구 등이 일본과 맞대결하는 날이면 우리는 무조건 '일본은' 이겨야 한다고 응원합니다. 일본에 지면 정신력이 부족하다는 말을 듣습니다. 스포츠든 경제든 그 무엇이든 다른 그 어떤 나라보다 '일본은' 무조건 이겨야 할 나라입니다.

그러나 긴 역사의 호흡으로 보면 한국과 일본의 관계는 임진왜란과 일제강점기라는 짧은 시간 제외하고는 나쁜 관계가 아니었습니다. 특히 일제강점기는 가장 최근의 일이기 때문에 일본을 적대시하지만, 우리는 이제 일본과 겨루기보다는 전 세계 선진국과 경쟁할 때입니다. 저는 우리 한국의 몸집이 일본보다 '훨씬' 더 커졌다고 생각합니다.

중국도 일본에 대해 좋은 감정이 있지는 않지만, 그렇다고 해서 단교를 하거나 무역을 중단하지는 않습니다. 진정성 있는 사과 따위는 바라지 않습니다. 중국은 난징 대학살을 비롯해 일본의 만행에 대해 사과하지 않는다고 거친 비난을 하기도 하지만, 역사는 역사고 현실은 현실입니다. 철저히 현실주의적으로 관계를 맺을 뿐입니다. 또한, 중국은 댜오위다오(센카쿠 열도) 분쟁과 관련하여 일본과 치열하게 싸우기도 합니다. 철저히 자국 실리 중심입니다.

이제 우리 대한민국은 일본을 넉넉히 품을 수 있을 만큼 커진 나라가 되었다고 저는 생각합니다. 10년 전만 해도 일본여행을 가면 이것저것 사올 것이 많았지만, 지금은 오히려 일본사람들이 한국에 와서 이것저것 사갑니다.

소니의 '워크맨'을 부러워했던 우리 세대와 다르게, 현재 한국의 웹툰이 일본 만화시장을 삼켜버렸습니다.

따라서 일본을 두려워했던 기성세대가 일본이 두렵지 않은 세대에게 반일감정을 자꾸 주입하려는 것은 정말 심각한 문제입니다. 역사 왜곡과 독도 영유권 관련한 것은 확실하고 집요하게 물고 늘어져야 하지만, 일본을 경제적, 전략적 '동반관계'로 봐야 합니다.

물론 일본의 역사 문제는 쉽게 해결될 문제는 아닙니다. 지금 일본이 하는 것만 봐도 문제를 해결하려면 꽤 오랜 시간이 필요해 보입니다. 그러나 가장 좋은 복수는 힘을 키우는 것이라고, 우리는 일본이 필적하지 못할 만큼 힘을 키워서 후일을 도모해야 합니다. 그것이 진짜 복수죠.

예전에 독일 총리가 나치의 유대인 학살을 반성하기 위해 폴란드의 유대인 학살 기념비를 방문한 적이 있습니다. 마침 비가 무척 내리는 날이었습니다. 독일 총리는 기념비 앞에서 무릎을 꿇고 헌화하며 추모의 시간을 가졌습니다. 이에 폴란드 총리는 기자회견에서 '독일'이라는 단어를 쓰지 않고 '나치'라는 말만 써서 폴란드 사람의 마음을 돌렸습니다.

바로 이것입니다! 이제 우리는 일본에서, 일본의 군국주의와 극우를 잘 발라내야 합니다. 우리가 관계 맺어야 하는 나라는 일본이며, 우리가 문제 삼아야 하는 것은 일본의 군국주의와 극우입니다. 일본과 군국주의를 분리하지 않으면 우리만 피곤할 뿐입니다.

제4부_한국의 미래에 대해 질문하다

국익 중심 외국인 정책은 무엇인가

정치는 한 나라에서 무엇을 할 수 있을까요. 치수, 치리, 경제, 치안, 안보 등을 맡습니다. 일개인이 할 수 없는 일입니다. 즉 나라의 지도를 바꾸거나 변경하는 일이 정치의 본질입니다. 하드웨어적으로 지도를 바꾸는 것은 이제 한계에 다다랐습니다. 그렇다면 소프트웨어적으로 지도를 바꾸는 일은 무엇일까요. 바로 외국인 정책입니다!

불과 몇십 년 전만 해도 외국으로 유학 가는 한국인이 많았습니다. 그러나 최근에는 외국에서 한국으로 오는 유학생이 압도적으로 많아졌습니다. 여러 이유가 있겠지만, 가장 큰 이유는 한국에 대한 호감도가 계속 높아지고 있기 때문입니다. 아마도 K-culture의 영향이 아닐까 합니다.

20년 전인 2004년만 해도 국내 체류 외국인은 75만 명에 불과했습니다. 그러나 최근 업데이트된 법무부 출입국통계월보에 따르면 2023년 9월 말 기준 체류 외국인이 251만 명이라고 합니다. 한국 전체 인구 중 4.8%에 해당합니다. 장기체류 외국인 비율이 전체 체류 외국인 중 73%에 차지한다고 하니, 이제 한국은 '모자이크 코리아'를 준비해 나가지 않으면 안 됩니다. 그러나 문제는 여전히 외국인을 바라보는 관점이 이중적이고, 정책 역시 명확하지 않습니다.

　예전에 제가 어떤 식당에서 점심을 먹은 적이 있습니다. 그때 서빙하시는 분이 동남아계의 여성분이었는데, 다른 테이블에서 식사 주문을 한국어로 잘 받고 계셨습니다. 이에 그 테이블의 남성은 다음의 대화를 주고받았습니다. "한국 온 지 얼마 되셨어요?" "5년 되었어요." "이야, 한국말 잘하시네. 한국 사람 다 됐네요." 노동하러 온 외국인 노동자인데 5년이면, 불법체류자인지 확인해 볼 필요가 있고, 결혼이주여성이라면 문제가 되지 않습니다. 그렇지만, '아직' 한국 사람은 아닙니다. 그렇다면 외국인이 한국 사람이 되려면 어떤 기준을 충족해야 할까요.

　결론부터 말하자면, 한국은 여전히 혈연주의를 따지는

종족주의에 초점을 두고 있습니다. 재외동포는 5년짜리 비자로 한국에서 자유롭게 살지만, 비동포 외국인은 한국에서 오래 체류해도 언어와 경제적 자격요건을 갖춰야 합니다. 한국말도 잘해야 하고 돈도 잘 벌어야 한다는 것입니다. 이제 한국 역시 글로벌 스탠다드에 맞는 이민정책을 펼쳐야 합니다.

그렇지만 동시에, 한국은 철저히 국익을 중심으로 외국인 정책을 만들 때가 되었습니다. 다시 말해, 이제 우리는 어떤 연령대를 적극적으로 받고, 남녀의 비율은 어떠해야 하며, 어떤 직종의 외국인을 받아들이고 거부할지 논의할 때가 되었다는 것입니다. 아주 냉정하게 말입니다.

현재 외국인 혐오가 가장 많이 일어나는 곳이 어디인지 아시나요. 바로 대학교입니다. 외국인 혐오의 베이스캠프라고 말해도 될 정도입니다. 학령인구가 계속 줄어드니 각 대학교는 정원 충원을 위해 외국인 유학생 유치에 혈안이 되어 있습니다. 대학교는 각종 장학금과 지원제도를 통해 외국인을 학교로 많이 데려왔지만, 정작 한국인들은 외국인들을 함께 공부하는 '학우(學友)'로 보지 않고, 대학교의 '캐시카우(cash cow)'로 봅니다. 한국말도 서

툴고, 또 이 학생들 때문에 수업 분위기도 아무래도 좋기 어렵습니다. 팀플을 하게 되면, 대학생들은 외국인이 걸리지 않기를 기도한다고 합니다. 교수자로서도 난처하죠. 따라서 외국인 유학생이 대학교에 많아질수록 내국인 휴학생 혹은 자퇴생이 점차 늘어간다고 합니다.

상황이 이러하니, 외국인 유학생에 대한 혐오 정서가 계속 증가할 수밖에 없습니다. 그러니 외국인으로 지방대학 소멸을 막으려다가 내국인 학생의 수업권을 놓치게 되니, 과연 어떤 것이 더 좋은지는 따져봐야 할 문제입니다. 예컨대 싱가포르 대학교의 경우, 학부생 중 외국인 유학생 비율 상한선을 15%로 정해놓았습니다. 내국인 학습권을 보장하기 위해서입니다. 물론 대학원생은 자유롭게 받습니다.

최근 한국의 조선업이 그 어느 때보다 호황인데, 정작 일할 사람이 없어서 발을 동동 구르고 있다고 합니다. 수확기의 농촌과 어촌도 마찬가지. 그래서 한국 정부는 올해 비숙련 취업(E-9) 비자 쿼터를 11만 명으로 늘렸지만, 전문가들은 이보다 2배 이상 확대해 경제성장에 문제가 되지 않도록 해야 한다고 합니다. 이를 두고 외국인이 한국인의 취업 시장을 다 빼앗아간다고 불평하기도 하고,

외국인을 마치 노예처럼 여기는 것 아닌가 하고 비판하기도 합니다.

그러나 그 이면을 자세히 살펴보면, 또 그렇게 말하기도 어렵습니다. 일단 한국에 들어오는 외국인 대부분은 비숙련 취업 부분인데, 이쪽은 한국인이 기피하는 이른바 '3D 업종'입니다. 당장 일손이 부족한 곳이지만 한국인은 일하지 않습니다. 그러니 외국인'이라도' 서둘러 영입해 부족한 일손을 채워야 합니다. 또한, 그렇게 외국인을 노예처럼 여긴다고 하는 비판도 잘 생각해보면, 그들로서는 자국이나 다른 나라에 비해 한국의 임금이 높아서 오는 것입니다. 물론 월급도 제때에 주지 않고 매우 불합리한 처우로 외국인 노동자를 부려 먹는 '악덕 사장님'은 반드시 법적으로 처벌해야 합니다. 이런 '나쁜 사장님'은 외국인을 실제로 노예처럼 부려 먹고 있지만, 이것이 일반적인 것은 아닙니다.

또한 '모자이크 코리아'로 나아가기 위해서는 외국인 거주 문제 역시 고민해봐야 합니다. 8시간 일한다면 16시간은 어디서든 먹고 자고 놀고 해야 하니까요. 영화 〈범죄도시〉가 처음 개봉되었을 때, 대림동 주민은 대림동이 마치 중국인들 범죄의 소굴인 것처럼 묘사돼 매우 불쾌감을 나타냈습니다. 아무래도 외국인이 특정 지역에 모여 살면 오래전부터 터를 잡고 사는 지역 주민으로서 좋지만은 않을 것입니다. 따라서 외국인 거주지역을 적절 비율로 관리하지 않으면 프랑스처럼 '외국인 게토'로 엉망이 될 수 있습니다.

저출생과 더불어 지방소멸 위기가 점점 한국의 목을 조여오고 있는 상황에서 한국은 '모자이크 코리아'가 되어야 합니다. 한국경제연구원에 따르면 향후 10년간 매년 20~30만 명의 취업자가 줄어든다고 합니다. 2031년이면 국내에서 부족한 일손이 매년 200만 명에 달한다고 하니, 서둘러 '모자이크 코리아'를 완성해가야 합니다. 비숙련인력과 더불어 숙련인력, 전문인력 역시 한국에 유치해야 합니다.

매우 현실적으로 그리고 냉정하게 우리는 우리가 원하는 외국인을 받아서 모자이크를 채워야 합니다. 그래야 한국이 완성됩니다.

기본소득은 정말 필요한 것인가

한국 최초로 정치권에서 '기본소득'을 본격적으로 이야기한 정당은 어디일까요. 바로 '기본소득당'이 아닌 '시대전환'입니다. 코로나 19가 터지면서 시대전환은 '재난기본소득'을 제안했습니다. 문재인 정부가 뒤늦게 긴급재난지원금을 풀었지만, 골든타임을 놓쳤다는 평가가 많습니다. 조금이라도 빨랐더라면 상황이 좀 더 나아졌을 것입니다. 코로나19를 경험하면서 한국인 대부분 기본소득 자체를 긍정적으로 바라보기 시작했습니다. 한국 사회가 빠르게 양극화되어 가고 있기 때문이기도 합니다. 저 역시 기본소득을 반대하는 사람을 주변에서 만나지 못했습니다.

왜 기본소득이 필요할까요. 답은 간단합니다. 이제 인

간은 일하고 싶어도 일할 기회가 많지 않습니다. 시간이 지날수록 AI와 로봇이 인간의 일을 대신할 것이니까요. 로봇은 파업도 하지 않고 화장실도 가지 않으며 식사시간도 필요 없습니다. 심지어 육아휴직도 연차도 쓰지 않습니다. 기업 입장에서 인간을 고용할 이유가 전혀 없습니다. 그러나 한국의 경제가 원활하게 돌아가려면 꾸준히 소비가 이뤄져야 합니다. 그런데, 소비할 돈이 없습니다. 소득이 없으니까요. 그래서 기본소득이 필요한 것입니다. 앞서 언급한 부루마불의 월급처럼 말입니다. 따라서 기본소득은 사회보장제도에 가깝지 복지제도는 아닙니다. 문제는 재원을 어디서 마련할 것이냐입니다! 저는 크게 3가지 차원에서 기본소득 재원을 생각해 보았습니다.

첫째, 기존의 사회보장제도 및 복지정책을 정리해야 합니다. 최근, 청년을 위한 정책, 3040을 위한 정책이라고 하며 이런저런 예산을 편성하고 있지만, 그 예산의 총액을 아무도 모릅니다. 부처마다 서로 논의 없이 책정했기 때문입니다. 다시 말해 기존의 사회보장제도와 복지정책을 한 부처가 단일화해서 관리해야 합니다. 그래야 기본소득을 위한 재원이 얼마나 가능할지 산정해볼 수 있습니다.

둘째, 세액공제와 소득공제를 줄여야 합니다. 솔직히 말씀드리면, 세액공제와 소득공제는 부자일수록 유리합니다. 높은 월급(과세표준)을 받을수록 공제를 많이 받으니까요. 원래 세액공제와 소득공제는 수십 년 전에 만든 정책이라 지금의 상황과 맞지 않습니다. 세액공제와 소득공제는 이중과세조정과 세 부담을 줄이고 장부기장 성실을 촉구하기 위해 만들어졌지만, 이중과세조정과 장부기장 성실은 이제 기본적으로 잘 지켜지고 있습니다. 과세표준을 더욱 촘촘하게 차등을 나눠 공제 금액을 줄이면 기본소득의 재원이 마련될 수 있습니다.

셋째, 기본소득은 과세소득으로 해야 합니다. 소득이 없으면 세금을 내지 않으며, 부자들은 세금으로 더 내야 합니다. 재정 건전성을 해치지 않는 범위 내에서 모두에게 나눠주는 것이 바로 기본소득. 일괄로 모든 사람에게 똑같은 금액의 소득을 지급하는 것이 아닙니다.

대략적인 아이디어 차원의 논의이므로, 앞으로 더 면밀한 검토가 필요합니다만, 한번 실험해 볼 필요는 있습니다. 기본소득을 비판하는 자들의 논리처럼, 기본소득을 받으면 일하지 않게 되는지, 국가 재정에 막대한 해를 끼치는지 한번 돌려봐야 알 수 있습니다. 이미 많은 나라가

실험하고 있습니다. 스웨덴의 기본소득과 관련한 부정적인 보고서 하나로 기본소득을 부정적으로 보기에는 너무 아까운 아이디어입니다.

어떻게 보면, 기본소득은 경제 정책이기도 합니다. 경제 활성화에 기여하기 때문입니다.

국토 발전은 어떻게 해야 하는 것인가

　최근, 김포시를 서울특별시로 편입하는 것과 관련한 이슈가 신문기사를 도배하고 있습니다. 김포시와 더불어 서울시에 인접한 하남시, 구리시, 고양시를 비롯해 과천시와 의왕시 등도 서울시 편입을 논의하고 있습니다. 다시 말해 경기도의 모든 도시가 서울시가 되기를 원하고 있습니다. 과연 올바른 논의일까요, 아니면 총선 표를 노린 전략일까요.

　이에 앞서, 저는 경기도를 경기남도와 경기북도로 나누는 것부터 반대합니다. 한강을 기준으로 북쪽과 남쪽을 나눈 것인데, 무엇을 위해 나눈 것인지 잘 모르겠습니다. 남부의 도시들은 찬성하겠지만, 북부의 도시들은 반대할 것입니다. 재정적 빈약함과 더불어 북한에 인접한 도시들의 연합이 얼마나 시너지를 일으킬까요. 행정적 편의에 따른 발상으로 보입니다.

저는 김포시를 비롯해 경기도의 다양한 도시들이 서울로 편입되려면, 적어도 생활권의 일치를 확인해야 한다고 생각합니다. 직장생활도 서울, 식사도 서울, 쇼핑도 서울에서 하고 잠만 경기도에서 잡니다. 이른바 베드타운(bedtown)입니다. 이럴 때 저는, 도시 주민이 원한다면 서울 편입도 고민해봐야 할 문제라고 생각합니다. 문제는 생활권은 경기도인데, 서울 옆에 붙어 있다고 서울 편입을 추진하는 것은 무리가 있다고 생각합니다.

여기서 저는 서울이 우리 대한민국에서 어떤 의미인지 제대로 고민해봐야 한다고 생각합니다. 서울이 모든 인력과 모든 산업과 모든 자본을 끌어모으고 있다고 말합니다. 서울이 이미 메가시티임을 부정할 사람은 아무도 없습니다. 그러나 지금 대한민국의 경쟁력을 이끄는 도시가 어디인지, 전 세계에서 경쟁력 있는 도시가 어디인지 고민해보면, 서울밖에 없습니다. 솔직히 말해, 서울이 대한민국을 먹여 살리고 있습니다. 그러나 대부분 그렇게 말하는 것을 조심스러워 합니다. 특히 정치인들은 입 밖에 꺼내지 않습니다. 물론 지방균형발전도 매우 중요합니다.

서울만 비대해지는 것은 옳지 않습니다. 그러나 지방균형을 위해 서울의 경쟁력을 빼앗아가는 것은 그다지 현명한 방법이 아닙니다. 지금 상황에서 한국이 나아지려면, 서울은 서울 나름의 경쟁력을 유지한 상태에서 지방 역시 경쟁력을 갖춰가야 합니다.

예전에 도시공학자와 사회학자들과 대화할 기회가 있었습니다. 그들이 말한 바로는, 한 인간이 500만 명 정도 사는 도시에서 사는 것이 기회의 최대치라고 합니다. 200만 명, 300만 명이 사는 도시가 500만 명 사는 도시보다 직장을 구할 확률, 배우자를 만날 확률이 적다는 것입니다. 그런데 500만 명이 한계라 500만 명이 넘어가면 더는 확률이 올라가지 않는다고 합니다. 그러니까 한 도시 인구의 최대치는 500만 명이면 충분한 것입니다. 그래서 저는 500만 명 단위로 한국을 재조정하면 어떨까 생각해봅니다. 전국의 메가시티의 가능성을 생각해보는 겁니다.

서울이 900만 명, 경기도가 1,400만 명이니, 서울과 경기도를 포도송이처럼 500만 명 단위로 블록을 만들고, 부울경은 합치면 800만 명이니 마찬가지로 2개 단위로 블록을 만드는 겁니다. 문제는 호남인데, 다 합쳐도 300만 명이 채 되지 않습니다. 못해도 500만 명을 채울 방안이 필요해 보입니다. 또한, 강원도는 산지가 많은 특수성과 함께 휴양도시, 관광지의 성격이 강하기 때문에 메가시티 조성이 어렵고, 세종시는 국민 세금으로 버티고 있는 것이니, 세종시는 더욱 구체적인 논의가 필요해 보입니다.

우리가 오해하는 사실이 하나 있습니다. 바로, 일자리가 생기면 어디든 사람이 갈 것이라는 사실입니다. 그러나, 그것은 사실이 아닙니다. 일자리를 만들었기 때문에 사람이 오는 것이 아니라, 살만하기 때문에 사람이 오는 것입니다. 이때 살만하다는 뜻은 문화와 인프라, 먹고 마시고 놀고 즐기고 키우는 모든 것이 충족된다는 뜻입니다. 즉 주거환경이 좋아야 사람이 내려갑니다. 전 세계 도시 개발의 역사는 주거 환경 개발의 역사와 같습니다. 일자리를 먼저 만들 것이 아니라, 핵심지역들의 주거환경을 매력적으로 만들어야 합니다. 그래서 메가시티가 전국 곳곳에 필요한 것입니다.

우리가 지금 논의해야 하는 것은, 윗돌을 빼서 아랫돌에 받치는 일이 아니라, 서로 다른 크기의 돌들이 무너지지 않게 잘 연결되어 있는지 확인하는 일입니다.

한국은 어떤 나라가 될 것인가

다국적 기업이 신상품을 출시하기 전에, 한국부터 사전 테스트를 한다고 합니다. 워낙 유행에 민감한 나라이기 때문에 그렇습니다. 한국에서 인기가 있으면 전 세계에서도 인기가 있다는 겁니다. 며칠 전에 그런 기사를 봤습니다. 한국 빼고 전 세계에서 인기 있는 넷플릭스 드라마는 이제 존재하지 않는다고. 한국에서 인기가 있어야 전 세계에서 인기가 있다는 것입니다. 정말 그렇습니다. 한국에서 잘 팔리는 모든 것은 전 세계에서도 잘 팔립니다.

한국의 수출입동향 역시 마찬가지. 한국의 수출입동향 지표가 전 세계 경기 상황을 실시간으로 반영한다고 합니다. 아무래도 한국은 대외무역 의존도가 높고, 부품을 해외에서 들여와 완성품을 해외로 판매하는 산업구조이기 때문에 그런 이유도 있지만, 이때의 완성품 대부분이 전 세계인에게 꼭 필요한 것들이기 때문에 그렇습니다. 따라서 전 세계 각국 정부가 한국의 수출입동향지표를 손꼽아 기다린다고 합니다. 그 기다림을 잘 알고 있는 한국 정부는 칼같이 매월 1일에 동향을 발표한다고 합니다. 그만큼 한국이 글로벌 스탠다드가 되어가고 있습니다.

물론 한국에는 나쁜 지표도 많고, 나쁜 부분에서 1등 하는 것도 많습니다. 고도의 압축 성장과 그에 따른 후유증, 그리고 치열한 경쟁사회와 산업구조 재편에 따른 문제 등이 한국의 그림자이자 문제점으로 남아 있습니다. 그러나 국제적인 차원, '세계시민의 관점'에서 보면 많은 외국인이 한국에 와서 살고 싶어 합니다. 특히 K-culture의 영향으로 한국의 매력도가 계속 올라가고 있습니다. 전 세계 대부분 대학교에는 한국어학과가 생기고 있고 전 세계 어디를 가든 한국 노래를 들을 수 있고 한국 제품을 찾아볼 수 있습니다. 그런 한국에 직접 오고 싶다는 외국인이 점점 많아지고 있다는 점은 분명, 고무적인 현상입니다.

그러나 한국의 인구는 계속 줄고 있습니다. 합계출생

율 0.78명. 이제 단 한 명도 아까울 지경이 되었습니다. 이런 비유를 들면 될 것 같습니다. 몇십 년 전에는 사과 농사가 풍년이라 사과 박스 아래쪽에 사과가 썩어 있어도 버리는 게 어렵지 않습니다. 그만큼 사과가 싸고 흔하니까요. 그러나 요즘 같이 사과를 비롯한 농작물이 귀해지면, 단 하나의 사과도 아깝습니다. 요즘에는 그래서 사과 하나하나를 고급 포장지로 조심스럽게 쌉니다. 설령 포장지 안의 사과가 조금 썩었다고 해도 버리지 않고 썩은 부분만 도려내고 먹습니다. 사과가 너무 비싸졌으니까요.

한국도 그렇습니다. 사과 하나하나 고급포장하듯이 국민 한 명 한 명이 귀합니다. 그래서 단 한 명의 국민이라도 그 국민의 꿈과 가능성과 삶을 국가가 지켜줘야 합니다. 국민 한 사람 한 사람이 모두 '고부가가치'인 것입니다. 결국, 한국인 한 명 한 명은 전 세계 혹은 국내에서 엄청나고 위대한 일을 해낼 것입니다. 그런 국민이 모여 있는 곳, 바로 '프리미엄 코리아(Premium Korea)'입니다. 그리고 여기에 추가해야 할 것이 '모자이크 코리아(Mosaic Korea)'.

여러 문제가 있지만, 한국은 늘 그랬듯 정답을 찾아낼 것입니다. 그 누구도 생각하지 못했던 방식으로, 전 세계인을 압도할 것입니다. 지금보다 더 역동적으로 한국은 발전할 것입니다. 저는 그렇게 믿고 있고 앞으로도 그렇게 제 믿음대로 한국에서 살아갈 것입니다.

그러기 위해서는 정치가 먼저 밑그림을 그려야 하며, 밑그림을 그리면서 문제를 문제로 보는 사람이 필요합니다. 그리고 문제를 해결하려는 하는 논의와 실천이 뒤따를 것입니다. 우리는, 전자를 '정치인'이라 부르고 후자를 '정치'라고 부릅니다. 그러니까 정치는 정치인 혼자 하는 것이 아니라 국민 모두와 함께하는 것입니다. 'politics(정치)'라는 단어가 '시민의, 시민을 위한, 시민과 관련된'을 뜻하는 그리스어 'politikos'에서 유래된 것처럼 말입니다.

저 조정훈은 국민 위에서 정치하지 않고, 국민과 함께 정치하겠습니다.

제4부_한국의 미래에 대해 질문하다

조정훈의 질문들

초판 1쇄 발행일 | 2023년 12월 09일

지은이 | 조정훈
펴낸이 | 노정자
펴낸곳 | 도서출판 고요아침
편　집 | 김남규

출판 등록 2002년 8월 1일 제 1-3094호
03678 서울시 서대문구 증가로 29길 12-27, 102호
전화 | 302-3194~5
팩스 | 302-3198
E-mail | goyoachim@hanmail.net
홈페이지 | www.goyoachim.com

ISBN 979-11-6724-161-0(03800)

*책 가격은 뒤표지에 표시되어 있습니다.
*지은이와 협의에 의해 인지는 생략합니다.
*잘못된 책은 교환해 드립니다.

ⓒ 조정훈, 2023